»Freunde haben wir zwar, und befreundet sind wir auch. Aber ›mein Freund‹, das hat ja fast etwas Kindisches.« Nicht über Freunde, nicht über Freundschaft schreibe er, sagt Peter Bichsel, »nur« über Menschen. Aber steckt nicht in der unnachahmlichen Zugewandtheit und Freundlichkeit, mit der er seine Begegnungen beschreibt, immer sowieso auch ein Freundschaftsangebot? In diesem Sinne sind diese Geschichten zusammengestellt. Es soll um Freundschaft gehen. Jeden Tag, jeden Monat. Peter Bichsel schreibt seine Geschichten, »Kolumnen«, wie er sie nennt, seit vielen Jahren monatlich für die *Schweizer Illustrierte*. Eine freundliche Auswahl ist in diesem Buch versammelt.

Peter Bichsel, geboren 1935 in Luzern, lebt als freier Schriftsteller in Bellach bei Solothurn.

Adrienne Schneider war 33 Jahre Veranstaltungsorganisatorin eines literarischen Verlags. Seit 2010 leitet sie ihre eigene Agentur. Sie ist u.a. verantwortlich für das literarische Programm des Literaturhauses Darmstadt und ist Mitglied der Jury Stadtschreiber von Bergen-Enkheim. Seit 2013 betreut sie zudem das Programm des Waldemar Kramer Verlags in Frankfurt am Main.

insel taschenbuch 4345
Peter Bichsel
Mit freundlichen Grüßen

Peter Bichsel

Mit freundlichen Grüßen

Herausgegeben von Adrienne Schneider

Insel Verlag

Erste Auflage 2014
insel taschenbuch 4345
Originalausgabe
© Insel Verlag Berlin 2014
Vertrieb durch den Suhrkamp Taschenbuch Verlag
Umschlagfoto: Kurt Reichenbach, Oberhofen am Thunersee
Druck: CPI – Ebner & Spiegel, Ulm
Printed in Germany
ISBN 978-3-458-36045-2

Mit freundlichen Grüßen

Meine langen Reisen nach Biel

Ich mag lange Bahnfahrten, und ich mag sie vor allem, wenn sie zwecklos, also ziellos, sind und ins Nichts oder ins Irgendwo führen – die dauernde Flucht, aber abgesichert durch Geleise, die zurückführen nach dem Zuhause. Eine kurze Fahrt durch den Weißensteintunnel zwischen Solothurn und Moutier, und schon ist man in einer ganz anderen Welt, die weit weg sein könnte, Schottland oder Irland oder Südamerika, und bei der Rückfahrt das Bild wieder nach und nach verlieren und beim nächsten Mal wieder erstmalig und einmalig vom Bild der wunderbar fremden Welt überrascht sein.

Die schönste und liebste Bahnreise aber in eine andere Welt war auch die kürzeste, fünfzehn Minuten von Solothurn nach Biel – Woche für Woche immer am Donnerstag seit über dreißig Jahren. Ich traf Jörg Steiner. Wir tranken Rotwein und freuten uns, zusammenzusein. Und wir spielten dabei eigentlich von Anfang an die alten Männer, denen die Welt fremd geworden ist. Wir jammerten und spotteten und blödelten und wurden dabei Woche für Woche älter, bis wir alt waren. Drei Tage vor seinem Tod besuchte ich ihn, wie immer am Donnerstag, im Spital. Er ließ für mich einen Wein kommen und nahm auch selbst einen Schluck – wir hatten es gut wie immer, wie vor einer Woche, als wir noch von der einen Beiz in die andere zogen.

Der Abschied auf dem Bahnhof war seit je ein Ritual. Wir sprachen nie davon, es war einfach so. Ich stieg im hintersten Wagen ein, er kam ans Fenster und drückte seine Handfläche ans Glas und ich auf der anderen Seite meine. Dann ging er nach vorn zur Treppe und wartete auf die Abfahrt des Zuges. Und wie ich an ihm vorbeifuhr, winkte er mit großen seitlichen Armbewegungen dem Zug und mir. Es war wie ein Abschied für lange, für sehr lange Zeit. Meine Fahrt in eine fremde Welt, sein Zurückbleiben in einer fremden Welt. Nein, nicht ganz im Ernst, aber gespielt mit dem Ernst von Kindern. Das Spiel der alten Männer, die alte Männer spielten in einer Welt, die uns nach und nach fremd geworden ist, es fiel uns mehr und mehr schwer, über sie zu staunen.

Dabei fanden wir uns recht gut zurecht in dieser so penetrant neuen und dauernd noch neueren Welt. Daran lag es nicht. Computerkurse für Senioren sind zwar nützlich, aber nicht eine Einführung in eine Welt, die durch Marketing das Staunen verlernt hat.

Vielleicht haben wir das versucht an unseren Donnerstagen, das Staunen zu üben. Wissen Sie, was ein Waldrapp ist? Kennen Sie die kleinen Tautropfen in den Blüten der Kapuzinerli? Mit wem soll ich jetzt darüber sprechen. Ein Zoologe hilft mir da nicht und ein Botaniker auch nicht. Es gibt viele Sachen, über die ich nur mit Jörg reden konnte. Nein, keine persönlichen Probleme oder so etwas, sondern banale Dinge, über die wir uns freuen konnten, über die wir lachen, spotten und staunen konnten. Die kurze Reise von Solothurn nach Biel wurde in der Beiz zur langen Reise in unsere Welt, die wir uns aus Sprache zusammenbastelten.

Ich werde oft zu mir sagen: »Das muß ich dem

Steiner erzählen« und schmerzlich feststellen, daß ich es nie mehr und niemandem erzählen kann. Er hat unsere gemeinsame Sprache mitgenommen, sie taugt jetzt nichts mehr. Mir fallen dabei auch andere tote Freunde wieder ein, meine Frau Therese – der Griff zum Telefon –, das muß ich Therese erzählen, nur Therese versteht das, und feststellen, daß sie das Telefon nicht abnehmen wird. So ist das, die Toten nehmen die Sprache, die man mit ihnen gesprochen hat, mit ins Grab.

Unser gemeinsamer Freund Max Frisch stellt in seinem zweiten Tagebuch die Frage: »Wenn Sie an Verstorbene denken: wünschten Sie, daß der Verstorbene zu Ihnen spricht, oder möchten Sie lieber dem Verstorbenen noch etwas sagen?«

Ja, sicher, etwas sagen, erzählen, erzählen – weißt du noch.

Nächsten Donnerstag werde ich, wie immer, zum Bahnhof gehen und, wie immer, Richtung Biel fahren. Ob ich da aussteigen werde, weiß ich noch nicht. Ohne Jörg wird mir die Reise doch zu kurz. Vielleicht fahre ich an Biel vorbei.

Lieber Egon, danke schön

Er kam herein, ging zum Wurlitzer und drückte
»Santa Maria«, setzte sich in eine Ecke und tat so,
als sähe er mich nicht. Ich kannte ihn, er hatte so
eine Art, Leute zu belästigen, Fragen zu stellen,
ohne an einer Antwort interessiert zu sein, und
konsequent keine Gegenfrage zu beantworten. Er
drängte sich in Gespräche, ohne mitzusprechen.
Ein Einsamer, der mit Hilfe von Bier ein bißchen
Nähe sucht.
»Santa Maria« – ich hatte einige Wochen vorher
eine Radiosendung mit meiner Lieblingsmusik
gemacht und dabei auch diesen Kitsch gespielt.
Nicht weil ich diese Musik mag, sondern weil
mich kurz vorher ein schüchternes Liebespärchen
in einem Café erschüttert hatte. Sie sahen so aus,
als seien sie zum ersten Mal in einem Restaurant.
Sie bestellten zwei Cola und schoben der Kellne-
rin einen Franken zu mit der Bitte, für sie »Santa
Maria« zu spielen. Es muß für sie geklungen haben wie für mich der späte Beethoven. Für sie also

hatte ich die Platte noch einmal am Radio gespielt. Sie werden es sicher nicht gehört haben.

Von dieser Sendung an ging also jener »Eigenartige« jedesmal, wenn er hereinkam, zum Wurlitzer und drückte »Santa Maria«. Sein Übername war Egon, und es war nicht leicht, mit ihm in ein Gespräch zu kommen. Er sprach nur in Andeutungen und Abkürzungen. Jeder Satz von ihm ein Rätsel, das man zu lösen hatte. Mir machte er es besonders schwer. Er begann mich zu prüfen, ob ich das, was ich geschrieben hatte, auch in meinem Kopf hatte. Ob ich zum Beispiel wußte, was auf Seite 86 meiner »Jahreszeiten« steht. Selbstverständlich wußte ich es nicht, und er knurrte mich an. Er begann mich zu zitieren und war enttäuscht, wenn ich das Zitat nicht erkannte oder nicht zuordnen konnte. Er hatte mich besser gelesen als ich mich selbst. Die anderen in der Beiz begriffen nicht, daß ich gern mit ihm zusammensaß, denn sie hielten sich für gescheit und den Egon für dumm.

Das alles ist schon Jahre her. Egon ist inzwischen älter geworden und ich auch. Und wir sitzen zusammen und sprechen miteinander oder schweigen miteinander. Wir sind Freunde geworden.

Ich schreibe seit Jahren für ihn meine Kolumnen. Man kann nicht für Leute schreiben, auch nicht für ein Publikum oder gar für ein Zielpublikum. Ich schreibe so, wie ich Briefe schreibe. Ich denke beim Schreiben an einzelne Leute, und ich verlasse mich dabei darauf, daß diese einzelnen vielen anderen einzelnen gleichen.

Ich schreibe immer noch für Hugo Leber, er ist vor zwanzig Jahren gestorben, aber er sitzt mir immer noch halb im Herzen und halb im Nacken. Ich fürchte mich immer noch vor seinem harten Urteil: »Das ist gar nichts.« Und ich erwarte immer noch sein Lob. Ich streiche immer noch Sätze, weil ich fürchte, er würde mich dafür auslachen. Und ich schreibe für Therese und für Jeanne Paula, für Hilda und für Urs, für Jörg, für Adrienne und für Rainer, für Siegfried, für Heinz und für Paul und für Rolf, für Frank auch – und ich schreibe nicht etwa für alle die zusammen, sondern immer nur für die eine oder für den anderen. Der Adressat kann von Satz zu Satz wechseln.

Für niemanden aber habe ich in den letzten Jahren so ehrgeizig geschrieben wie für Egon. Er erwartete meine Kolumnen. Er sagte: »Nächste Woche also.« Er kam und sagte: »Die letzte Kolumne war gar nichts.« Und er ließ sich zu keinem »weshalb« bewegen. Ich wußte, weshalb. Wenn eine Kolumne nur geschrieben war und nicht richtig erzählt, dann schüttelte Egon seinen großen Kopf. Und er hatte recht, ich wußte es schon beim Schreiben.

Es gibt Leute, die glauben, ich fände meine Geschichten in Kneipen. Das stimmt nicht. Aber ab und zu finde ich da einen Leser, einen Zuhörer. Egon ist als Leser ein guter Zuhörer. Er hört zu, wenn er liest, und deshalb will er erzählt haben.

Lieber Werner Egon Wiedmer, ich danke dir herzlich für deine jahrelange Begleitung meines Schreibens. Ich nehme an, daß dir diese Kolumne nicht gefällt. Sie ist wohl nicht richtig erzählt.

Aber ich weiß, daß du meine Kolumnen vermissen wirst. Das tut mir leid. Aber ich werde dir nun meine Kolumnen in der Beiz erzählen – und du mir deine. Und wir werden uns unsere Geschich-

ten auch vorschweigen. Das ist so schwer beim Schreiben – das Schweigen.
Ich danke dir, Egon, und danke jenen, die dir gleichen.

Soll ich es dir übersetzen?

Egon ist nicht mehr, wir haben ihn beerdigt – wir, ein kleines Häufchen von Leuten. Egon war mein Freund, und er war mein Leser. Ich kannte ihn schon lange und eigentlich von weitem, einer von vielen in der Beiz, und er belästigte die Leute mit schwierigen Fragen, er konnte eigentlich nur in Rätseln reden, und wenn er redete, war er betrunken – denn, wenn er es nicht war, und er war es oft nicht, dann war er schüchtern und redete nicht. Als ich ihn noch flüchtig kannte, hätte ich ihm nicht zugetraut, daß er lesen kann, und er überraschte mich eines Tages mit einem Zitat aus meinen »Jahreszeiten«, und er wollte von mir wissen, auf welcher Seite des Buches das stehe, und wurde richtig böse, weil ich es nicht wußte – und später stellte sich heraus, daß er wirklich alles gelesen hatte von mir. Es gäbe viel zu erzählen von ihm – Geschichten, die, als sie wirklich waren, recht übel sein konnten, und jetzt, in der Erinnerung an ihn, zu lustig-traurigen Geschichten geworden sind.

Würde ich sie hier aufschreiben, sie würden ihn falsch beschreiben, also lasse ich es. Aber wir haben uns die Geschichten nach der Beerdigung erzählt. Man kann sie nur mündlich erzählen, sie haben die menschliche Stimme nötig als Zeichen der Zuneigung in der Erinnerung. Egon war ein gescheiter, gebildeter Mensch, ein ehemaliger erfolgreicher Berufsmann, ein ehemaliger Fußballer, ein ehemaliger Schiedsrichter – in allem ein Ehemaliger –, und er hatte das alles hinter sich gelassen und war jetzt nur noch Egon – ein eigenartiger Mensch, einer mit Eigenheiten und Eigenarten. Er meldete sich auch so, wenn er mich anrief: »Hier ist der eigenartige Mensch.«

Übrigens hieß er nicht Egon. Das war sein Übername, eine Wirtin nannte ihn so, und bald kannten ihn alle nur unter diesem Namen. Ein Titel sozusagen, ein Ehrentitel – die Originale, die Unikate haben Übernamen. Es mag auch andere gegeben haben, die wirklich Egon geheißen haben, aber der Egon, das war nur er.

Die Wirtin übrigens, die ihm den Namen angehängt hatte, war eine alte Italienerin und im Unterschied zu Egon nicht schüchtern, aber eigenartig und einzigartig auch. Sie war nun wirklich das, was man ein Original nennt, und jene, die sie kannten, nannten sie Mama oder gar schweizerisch »Mutti«, und zwar auch jene, die mit ihr nicht auf du waren. Ihre Beiz war ihr Königreich im eigentlichen Sinn, nämlich eine Diktatur. Mama war resolut und bestimmte, was gerecht und anständig ist. Dazu benützte sie auch einen Stock, der hinter dem Ofen stand – zwar im Scherz, aber doch tüchtig zuschlagend. Als mich mal eine alte Bekannte, die zufällig hereinkam, bei der Begrüßung küßte, wußte ich, was ich zu erwarten hatte: Ich kam anderntags rein, und Mama nahm den Stock hinter dem Ofen und schlug zu – es tat ein ziemliches bißchen weh. Aber man liebte Mama, und man war stolz darauf, von ihr wahrgenommen zu werden. Und sie liebte alle – außer die Süditaliener, und der Süden begann für sie südlich von Mailand und Turin. Sie selbst kam aus dem Piemont, und man erzählte sich, daß sie als junges Mädchen nach Solothurn geschickt wurde, um dort einen wesentlich älteren Mann zu heiraten, der aus demselben Dorf stammte, in der Gegend mit Hühnern handelte und dessen Frau gestorben war – er brauchte eine neue. Und sie verkaufte erst mal mit ihrem Mann »Jänner«, so nannte sie die Hühner, und man mußte sich einhören in ihre trotzige Vorstellung vom Schweizerdeutschen. Ich weiß nicht, ob sie lesen und schreiben konnte. Jedenfalls habe ich oft für sie Briefe und Potkarten geschrieben, und wenn ich sie ihr hinüberschob zum Unterschreiben, sagte sie: »Nein, du mußt schreiben ›Lisa‹ – sonst ist es nicht die gleiche Schrift.« Müßte ich eine typische Solothurnerin beschreiben, ich würde mich für Mama entscheiden – eine kräftige, entschiedene Frau, die sich eine Position in der Gesellschaft erkämpft hatte und eigentlich eine biedere, oft spießige Frau war, aber mit Herz und Witz – durch und durch Schweizerin, die durch und durch trotzig Italienerin blieb.

Aber was wollte ich erzählen? Ach ja, von Egon: Als ich ihn mal traf, hatte er eine Gebrauchsanweisung für irgend etwas vor sich und sagte: »Ich kann das nicht lesen, es ist Englisch«, und ich sagte: »Soll ich es dir übersetzen?« »Nein, um Himmels willen«, sagte er, »dann wäre es ja nicht mehr Englisch.«

Burgel Zeeh

Frau Zeeh, das war ihr Name, und Frau war nicht eine Anrede, sondern ein Titel und Teil ihres Namens, die Frau als Pendant zum Herrn, die Meisterin. Eigenartig, wenn man von ihrem Chef sprach, sprach man von Siegfried Unseld, wenn man von Burgel Zeeh sprach, dann von Frau Zeeh.

Ich nehme an, daß wir befreundet waren, und ich nehme es nur *an*, weil ich es nicht zu behaupten wage – der Respekt. Wir blieben jahrelang beim Sie – Sie, Frau Zeeh. Meine Frau und selbst meine Kinder waren mit ihr und mit Werner Zeeh auf du, ich nur mit Werner.

Und als wir nach vielen Jahren das Sie aufgaben, war das wohl nicht nur für mich sonderbar. Ich erinnere mich nicht daran, daß sie mich je Peter nannte, und ich weiß nicht, wie ich sie von da an ansprach.

Dabei gab es durchaus eine Burgel – eine wunderbare, strahlende. Und wenn ich an sie denke, dann fällt mir immer wieder ein Bild ein: die strahlende Burgel an der Hand von Hans Mayer, dem Germanisten, von Freunden freundlich und Feinden zynisch auch Hänschen Mayer genannt. Ein Fest zum sechzigsten Geburtstag von Frau Zeeh in einer Gartenwirtschaft am Main. Wir saßen an langen Biertischen und genossen Speis und Trank und den schönen Tag. Ich weiß nicht mehr genau, wo das war und wann das war. Hans Mayer wüßte es auf die Stunde genau.

Er stand auf, ging von den Tischen weg, drehte sich im Kies um und hatte nun zu den Tischen etwa die Distanz eines Elfmeters.

»Burgel, kommen Sie mal«, sagte er. Er nahm sie an der Hand und begann seine Geburtstagsrede mit: »Es war der 17. soundso, 19soundso, nachmittags um vier, als ich Burgel Zeeh zum ersten Mal begegnete. Ich war damals beschäftigt mit der Frage, ob die Ironie bei Thomas Mann nicht auch die Bedeutung haben könnte von ...«, und er sprach nun über Thomas Mann und über sich selbst und vergaß dabei die strahlende Burgel an seiner Hand, die sich darüber köstlich amüsierte.

Eine Geburtstagsrede, wie man sie sich nur wünschen kann.

Eine Geburtstagsrede für Frau Zeeh. Autoren, und nicht nur Hans Mayer, haben mitunter eine Neigung zur Eitelkeit. Damit konnte Frau Zeeh großartig und großzügig umgehen. Es machte ihr Spaß, Eitelkeiten zu befriedigen, zu besänftigen und zu nähren. Siegfried Unseld beschäftigte sich derweil mit der schwierigeren Eigenschaft der – und diesmal in beiden Geschlechtsformen – Autorinnen und Autoren, nämlich mit ihrem Ehrgeiz. Von dieser Arbeitsteilung wußten wohl beide nichts, sie hatte sich wohl zufälligerweise und vor allem unzufälligerweise eingestellt.

Und hier eine Geschichte, die damit zu tun haben könnte:

Es war der 25. Januar 1982, morgens gegen 9 Uhr – ich war damals im Zusammenhang mit meinen Poetikvorlesungen beschäftigt mit der Frage, ob usw. – rief mich Frau Zeeh in Bergen an: »Herr Bichsel, Sie kriegen heute einen Brief von Siegfried Unseld, den brauchen Sie weder zu lesen noch zu öffnen – ich wünsche einen guten Tag.«

Und nun geht es Ihnen wohl so wie mir damals, Sie möchten wissen, was in diesem Brief stand. Ich öffnete ihn also und las ihn, bestellte gleich ein Taxi, fuhr nach Frankfurt und stürmte in das Büro von Siegfried, der damals noch nicht mein Verleger war, aber ein wirklich guter Freund. Ich hielt zwei Tage zuvor eine dieser Poetikvorlesungen und erzählte dabei die kitschige Geschichte am Anfang meiner geliebten *Wanderjahre* von Goethe, also von Josef und Maria und dem Kindlein und dem Eselein und den Palmwedeln. Und unten rechts grinsten ein paar lehrende Germanisten und freuten sich darüber, daß der Vortragende endlich tüchtig auf die Schnauze fällt. In dem Brief stand also, daß dies nicht am Anfang der *Wanderjahre* stehe – er habe das nach der Vorlesung im Büro noch nachgelesen, und ich müsse das bei meinem nächsten Auftritt korrigieren.

»Nein«, sagte ich nun in seinem Büro, »das hast du nicht gelesen, sondern einer jener lachenden und grinsenden Germanisten, der sich blamiert fühlte, nachdem er nicht merkte, daß es eine Geschichte von Goethe war – ich hatte das erst zum Schluß deklariert –, hat dich angerufen und behauptet, das sei nicht am Anfang der *Wanderjahre*.« Auf dem Pult stand die schöne kleine Goetheausgabe des Inselverlags. »Und in welcher Ausgabe hast du das gelesen?« Und er wies mit berechtigtem Stolz auf die Inselausgabe. »Lieber Siegfried«, sagte ich, »ich besitze diese Ausgabe auch, sie ist wirklich schön, die *Lehrjahre* sind drin, aber die *Wanderjahre* nicht«, und er begann verzweifelt in der Ausgabe zu wühlen – nichts zu machen, sie waren nicht drin. »Also hat dich vielleicht doch der blamierte Germanist angerufen«, und er rang mit sich – lange – und gab es dann – ungern – zu. Ich war zufrieden.

Was hat das mit Frau Zeeh zu tun? Erstens, Zitat Unseld: »Sie weiß mehr als ich?« Ja, sie hatte die *Wanderjahre* im Kopf, vielleicht hatte sie es auch wirklich nachgelesen nach meiner Lesung. Und zweitens: Hans Mayer und seine Geburtstagsrede. Es geht mir wie ihm, wer von Frau Zeeh erzählen will, erzählt, ohne es zu bemerken, sehr bald von sich selbst. Die Eitelkeit und die Selbstverständlichkeit, mit der Frau Zeeh mit ihr umging.

»Selbstverständlichkeit« ist überhaupt ein Wort, das mir im Zusammenhang mit ihr immer wieder einfällt, und ein zweites Wort »Schnelligkeit«, sie war immer ungemein schnell. Die Selbstverständlichkeit war ihre Öffnung, ihr Bezug zu allem, was Umgebung heißt. Die Schnelligkeit war ihr Schutz, ihre Diskretion. Und dies alles strahlend und nicht gespielt, ich glaube, sie freute sich wirklich, wenn sie mich, wenn sie uns, wenn sie uns alle traf.

Sie liebte ihre Umgebung und fühlte sie und füllte sie – nennt man das prosaisch Aura?

Und dann Burgel Zeeh an der Seite von Werner Zeeh. Er war ihre Mitte und sie seine. Und hier in der Oberlindau war sie ganz und nur Burgel und es fiel mir hier leicht, sie so zu nennen. Kaum Gespräche über Literatur und über Verlage schon gar nicht.

Die großartigen Frühstücke anläßlich der Buchmesse – völlig privat und unter Freunden und mit Strohmeier. Ich erwähne ihn nur für jene, die mal mit dabei waren – denn ohne Strohmeier hätte es nicht funktioniert. Und ich müßte das jetzt beschreiben und kann es nicht – die Selbstverständlichkeit. Burgel und Werner, wunderbare Gastgeber, heißer Fleischkäse, grüne Sauce, Maultaschen – das Schlaraffenland.

Und wir blödelten wie im Schlaraffenland, und es gelang den Gastgebern, all ihre verschiedenen und auch sehr verschiedenen Freunde gegenseitig zu Freunden zu machen – Strohmeier wurde mein Freund, das wollte ich nur sagen.

Und ein letztes Bild: das *Mädchen* Burgel, trotzig, übermütig, strahlend, aber mit hochrotem Kopf doch etwas überrascht von ihrem Übermut und etwas beschämt.

Wir waren auf einer Veranstaltung, viele Leute, und Burgel verweigerte jemandem, der ihr sehr übel mitgespielt hatte, den Gruß und den Handschlag, den jener ihr anbot. Das hatte kaum jemand bemerkt. Da war sie noch Frau Zeeh und wußte die peinliche Situation diskret einzurichten.

Abends spät dann saßen wir in der Kneipe mit einer auffallend munteren Burgel, sie schien etwas zu feiern. Und sie erzählte nun, fast glücklich, von

ihrem Zusammenstoß mit jener Person und kriegte dabei einen hochroten Kopf der Scham.

Und saß nun da, das glückliche Mädchen, stolz
auf ihren Trotz, aber mit hochrotem Kopf. Es war
wohl das erste Mal, daß die kleine Burgel ins Ge-
schäft der großen Frau Zeh eingegriffen hatte –
Burgel und Frau Zeeh, die beiden, die mir im Ge-
schäft der Literatur, in dem ich mich immer
wieder nicht so recht zu Hause fühlte, ein bisschen
Heimat waren. Burgel Zeeh – ich vertraute ihr,
wir vertrauten ihr – und das ohne jede Enttäu-
schung.

Anton und die Verschwörung der Leser

Ich freute mich immer wieder, wenn ich Anton traf. Er besuchte dieselben Beizen wie ich, und er hatte, wie ich, dazwischen auch anderes zu tun – der große Garten, die Familie, er war Rentner –, und er setzte sich in der Regel allein an einen Tisch und meist nur für kurze Zeit.

Ich freute mich über ihn, weil er an vielem interessiert war und man mit ihm über vieles sprechen konnte. Anton war ein Leser – er lebte lesend. Er kaufte sich morgens früh am Bahnhof das Boulevardblatt, den »Blick«, und er trug die Zeitung den ganzen Tag in seiner Jackentasche und ging mit ihr so sorgsam um wie andere mit teuren Kunstbänden, noch abends sah seine Zeitung aus wie ungelesen.

Dabei benützte kaum ein anderer die Zeitung so intensiv. Anton war den ganzen Tag am Lesen: morgens beim Kaffee auf der ersten Seite, nachmittags um vier schon fast beim Sportteil, und abends beim Bier auf der letzten Seite. Dem Anton machte das Lesen richtig Mühe – trotzdem war er ein leidenschaftlicher Leser. Unsere Lesefähigkeit mag nicht dieselbe gewesen sein, unsere Begeisterung für das Lesen aber machte uns zu Freunden. Mit ihm konnte man über alles sprechen. Irgendwie gehörten wir auf eine eigenartige Weise zusammen.

Kürzlich im Zug nach Hannover: Ich hatte in Basel noch einen fast leeren Wagen gefunden und vier leere Plätze mit einem großen Tisch, und ich richtete mich ein. Aber schon in Freiburg wurde der Wagen voll, und es wurde eng. Mir gegenüber ein Mann mit Bart, Mitte vierzig, neben ihm ein lesender Jüngling und neben mir ein Mann, der mit der Bezeichnung Geschäftsmann eigentlich schon beschrieben ist.

Ich entschied mich jedenfalls, mein Buch auf die Seite zu legen und Kreuzworträtsel zu lösen. In der Enge fällt mir das Lesen schwer. Ich brauche nämlich, wenn möglich, einen Tisch, auf dem ich die Ellenbogen aufstützen kann, damit ich meinen Kopf zwischen die Hände nehmen kann – Lesen macht schwere Köpfe, mein Anton jedenfalls wußte davon.

Dem Jüngling schräg gegenüber aber gelang es, sein Buch auf den Tisch zu legen und sich tief darüber zu beugen und mit einem kleinen Bleistift dauernd ins Buch zu kritzeln, als löste auch er ein Kreuzworträtsel, wobei nicht nur ich, sondern auch der Mann mit dem Bart sich schon längere Zeit möglichst unauffällig Hals und Rücken verrenkten, um Kopf und Brille in eine günstige Lage rücken und erhaschen zu können, um was für ein Buch es sich handelte. Der Bärtige mußte also auch ein Leser sein, denn nur leidenschaftliche Leser müssen unbedingt wissen, womit der andere denn seine Leidenschaft befriedigt. Und als es dem Bärtigen endlich gelang, den Autor ausfindig zu machen, fragte er den lesenden Jüngling: »Studieren Sie Germanistik?« »Wie kommen Sie darauf?« fragte der Leser zurück. »Das liest doch sonst niemand – Jean Paul.« »Was denn von Jean Paul?« fragte ich.

Er las den »Titan«. Ja, er bereitete sich vor auf ein Seminar, das er besuchte. Aber das Lesen mache ihm auch Spaß, erklärte er.

Es wurde ein langes Gespräch und eine kurze

Fahrt. Wir freuten uns alle drei, und der Geschäftsmann saß daneben und sagte kein Wort. Aber irgendwie gehörte er trotzdem dazu. Man sprach auch mit ihm, wenn man sprach.

Nur habe ich keine Ahnung mehr, worüber wir gesprochen haben, ich erinnere mich nicht. Ich erinnere mich nur daran, daß wir uns freuten – drei Leser, die sich gefunden hatten, drei Leser von Jean Paul, der für uns drei mindestens so schwer zu lesen ist wie für Anton das Boulevardblatt. Und wir reden von unserer Mühe, die wir beim Lesen von Jean Paul haben, und davon, wie sich diese Mühe lohnt und zur Freude wird, und mir fiel die ganze Zeit Anton ein, der fast nicht lesen konnte, es aber zu seiner großen Freude trotzdem tat.

Die ältere Frau auf der anderen Seite des Mittelgangs hatte ihr Buch in eine Zeitung eingeschlagen – wohl um ihren Autor vor der Umwelt zu schützen, und plötzlich sagte der Geschäftsmann doch noch etwas: »Was lesen *Sie* denn?« fragte er die Frau, weil er offensichtlich bemerkte, daß sie schon längst nicht mehr las, sondern zuhörte. Sie errötete, schlug ihr Buch aus der Zeitung und streckte es uns entgegen – Jean Paul: »Die Flegel-jahre«.

Der Bärtige war schon in Kassel ausgestiegen. Der Student und ich mußten in Hannover umsteigen. Wir wollten beide nach Berlin.

Im voll besetzten Zug nach Berlin, einige Leute mußten stehen, drängte sich plötzlich der Ge-schäftsmann durch den Gang. Er kam auf uns zu, reichte uns die Hand und sagte: »Ich habe mitbe-kommen, daß Sie auch nach Berlin fahren, ich habe Sie im ganzen Zug gesucht, ich wollte mich nur für dieses wunderbare Gespräch über Jean Paul bedanken«, und bevor wir etwas sagen konn-ten, war er weg.

Also gehörte auch er zu uns, zur Verschwörung der Leser – er und Anton, der Bärtige und der Student und die ältere Dame mit ihrem beschütz-ten Jean Paul und ich – ja, wir sind wenige, und es ist selten, daß wir uns treffen, aber wenn wir uns treffen, dann sind wir mehr als viele, nämlich alle.

Von den ganz anderen

Wir sprechen von Jimmy, seit er nicht mehr lebt, haben alle nur Gutes über ihn zu berichten: Wie er es einfach nicht lassen konnte, Autos zu klauen, und wie er es nicht lassen konnte, alle geklauten Autos zu Schanden zu fahren, wie er bündelweise Geld in den Taschen hatte und wie er die Richter fast zu Tränen rühren konnte. Auch ich verspüre ein bißchen Stolz, daß ich mitreden kann, daß ich ihn auch noch – und zwar gut – gekannt hatte; denn es sitzen auch andere da, die ihn nicht kannten und die man nun damit beeindrucken konnte, daß man mit so einem Tausendsassa irgendwie befreundet war. Einmal traf er im Bahnhofbuffet einen, der eben nach Ägypten in die Ferien reiste, da ging er einfach mit, kaufte sich mit dem letzten Geld eine Flugkarte, hatte kein Gepäck und nichts – und schimpfte, als er wieder hier war, auf die Schweizer Botschaft, die ihm dort noch Fragen stellte, bevor sie ihn wieder zurückschob.

Ja, ja – der Jimmy, und dann der Erwin und der

Klaus und der Hugo: eine ganze Galerie von mehr oder weniger harmlosen Kleinkriminellen, die immerhin immer wieder irgend jemand schädigten und letztlich immer wieder uns alle.

Aber warum erzählen wir so begeistert von ihnen? Warum sind wir plötzlich – und hinterher – so stolz auf sie? Oder anders gefragt – und die Frage nützt wenig –, was für Bedingungen müssen Kleinkriminelle erfüllen, damit sie uns sympathisch sind?

Johann Peter Hebel, der brave Pfarrer und Dichter im frühen 19. Jahrhundert, hat in seinem »Rheinischen Hausfreund« immer wieder die frechsten Geschichten über den Zundelfrieder erfunden, einen gewitzten Dieb und Gauner, und er hat in diesen Geschichten immer wieder auf eine Moral verzichtet. Trotzdem, man hat nicht den Eindruck, daß er sie nur zur Belustigung und Unterhaltung geschrieben hätte.

Zundelfrieder gehörte wohl einfach zur Vielfältigkeit des Lebens. Es sind eben nicht alle Menschen gleich, und es gibt Füchse und Schlaumeier unter ihnen, die schaden zwar ab und zu ein bißchen wie andere Schädlinge auch, aber sie bringen auch ein bißchen Farbe in den grauen Alltag – wenn vielleicht auch nur damit, daß man eben von ihnen erzählen kann.

Jene, mit denen ich über Jimmy spreche, sind sonst nicht besonders tolerante Leute und auch sehr schnell zu rassistischem Verhalten und rassistischen Bemerkungen bereit. Jetzt werden sie plötzlich zu guten und freundlichen Erzählern, und es kommt ein bißchen Freude auf am Tisch. Es lohnt sich, sich zu erinnern – und wenn es sich zu erinnern lohnt, dann lohnt es sich auch zu leben.

Jimmy war auch einer von ihnen, einer von uns. Er gehörte keiner Gruppe an, war kein Homosexueller, kein Drögeler, kein Ausländer, kein Türke – er war eben nur Jimmy. Und nur Jimmy war Jimmy. Wir mochten ihn alle nicht besonders, als er noch lebte. Keiner hätte sich für ihn verbürgt. Aber das war auch nicht nötig, er war selber jemand, kein Guter, aber selber jemand.

Daß alle Menschen gleich sind, das scheint mir mehr und mehr ein rassistischer Satz zu sein. Die

Menschen sind nicht gleich, sie sind total verschieden, jeder Mensch ist selber einer. Davon geht die Demokratie aus, daß ganz verschiedene dieselben Rechte haben, auch die Eigenartigen, auch die Eigenwilligen – und selbst dieser fürchterliche Jimmy.

Nein, ich bin nicht so wie Jimmy, und ich möchte nicht so sein wie Jimmy. Ich bin froh, daß die meisten nicht so sind wie Jimmy. Ich bin froh, daß die Menschen nicht alle gleich sind. Jimmy – der Solothurner – gleicht mir – dem Solothurner – nicht. Der Türke gleicht nicht einem Türken, kein Schweizer gleicht einem Schweizer, ich bin ganz selber jemand – und du auch. Und keiner ist einfach nur so wie die Gruppe, zu der er gehört. Jeder hat das Recht, als einzelner betrachtet zu werden, als einzelner, als einzelne geliebt zu werden, gehaßt zu werden, gemocht zu werden und nicht gemocht zu werden. Ich weiß gar nicht, ob ich nun Jimmy mochte – ich kannte ihn halt, und er war halt da.

Der Mann mit dem gelben Motorrad

Es gibt Menschen, denen man nur kurz begegnet und von denen man plötzlich nach Monaten oder Jahren weiß, daß sie irgendwie mit einem zu tun haben, in die eigene Biographie eingegriffen haben, ohne daß bei dieser einmaligen Begegnung irgend etwas Besonderes geschehen wäre, ohne daß man etwas Besonderes erfahren hätte. So bleibt es denn unbeschreibbar, es gibt dazu nichts zu sagen und nichts zu erzählen – ich versuche es trotzdem: Der junge Mann, der mir gegenübersaß im Zug und den ich, würde ich ihn wieder treffen, wohl nicht wiedererkennen würde, fuhr irgendwie anders Eisenbahn als alle anderen. Er freute sich offensichtlich über die Fahrt, schaute durchs Fenster in die vorbeiziehende Landschaft und machte den Eindruck wie einer, der zum ersten Mal und nur zu seinem Vergnügen Eisenbahn fährt. Still lächelte er vor sich hin, lächelte auch mir zu und sagte: »Ein schöner Tag – dieses Wetter.« – »Ja, wunderbar«, sagte ich.

Dann, nach einiger Zeit, sagt er, daß er in den Thurgau fahre, er habe ein Motorrad gekauft, und heute könne er es abholen. Er habe zwar das Motorradfahren vor einem Jahr aufgegeben, gescheit sei es ja nicht – die Umwelt, die Familie –, dann habe er aber ein schönes Motorrad gesehen im Internet, und es habe ihm so gefallen, und jetzt fahre er halt ins Thurgau, in Frauenfeld müsse er dann das Postauto nehmen, und er erzählt und erzählt. Und ich weiß nicht, warum ich ihm zuhöre, interessiert zuhöre. Ich habe mit Motorrädern nichts zu tun, und sie interessieren mich nicht. Und ich mag jene Schwätzer nicht, die einfach irgend etwas erzählen und reden und reden. Er aber ist kein Schwätzer. Er erzählt langsam und besonnen. Und ich halte das Gespräch im Gang mit kleinen Fragen nach der Marke, dem Jahrgang, dem Modell – alles Dinge, von denen ich nichts verstehe. Aber ich höre ihm gern zu.

Das Rauchen habe er aufgegeben, vor einem Jahr, und er fühle sich jetzt schon besser, und er erzählt, wie er das angestellt habe, und ich höre ihm zu, warum höre ich ihm zu?

Ich frage ihn nach seinem Beruf. Maschineninge-
nieur sei er. Das überrascht mich. Und er fragt
mich nach meinem Beruf. Und wie ich Schriftsteller sage, erwarte ich in meiner Eitelkeit, daß er
mich jetzt vielleicht erkennt oder nach meinem
Namen fragt. Er tut es nicht. Aber er redet jetzt so
freundlich von meinem Beruf, wie ich eben über
sein Motorrad, und er erzählt, was er so liest, und
er ist belesen. Und ich sage ihm, daß ich auch für
längere Zeit das Rauchen aufgegeben, aber kürzlich wieder damit angefangen hätte, und daß ich
auch wieder versuchte, damit aufzuhören. Er
macht Vorschläge, wie ich das anstellen könne.

Und dazwischen immer wieder sein Motorrad,
das er jetzt abholt im Thurgau, gelb sei es, und
dazu das Lächeln eines Buben, der dabei ist, etwas
zu tun, was man nicht tun sollte – die Umwelt, die
Familie –, und der sich gerade auch deshalb über
sein Tun heimlich freut.

In Zürich verabschiedeten wir uns voneinander,
immer noch ohne Namen, aber mit dem Wunsch
für eine gute Weiterfahrt, und vor allem, daß er
mit seinem Töff gut nach Hause komme.

Und das ist fast alles und wirklich nicht erzählenswert, aber es gibt unwichtige Geschichten, die kann man gut erzählen, und es gibt wichtige Geschichten, von denen man nicht mal weiß, warum sie wichtig sind.

Wie vielen Menschen begegnet man im seinem Leben? Hunderten, Tausenden? Und wie viele greifen, ohne es zu wissen, in unsere Biographien ein.

Das einfache und fromme Aenneli fällt mir ein, die schüchtern war und kaum mit Leuten sprach, die aber täglich in den Zeitungen die Todesanzeigen las und versuchte, einen Zusammenhang zwischen den Verstorbenen und ihr herzustellen, für sie betete und sich dabei mehr und mehr mitschuldig fühlte an ihrem Tod. Sie sprach wenig mit Menschen, aber sie hatte mit vielen Menschen, eigentlich mit allen Menschen, zu tun.

Als ich auf dem Bahnsteig langsam gegen den Ausgang ging, kam mein Reisenachbar noch einmal zurück und sagte: »Ich wollte Ihnen nur noch sagen, daß Sie ja nicht mit dem Rauchen aufhören sollen, dafür sind Sie zu alt, und das könnte gefährlich sein.«

Nun denke ich an ihn bei jeder Zigarette, die ich anzünde. Nicht etwa, weil mir sein Ratschlag einleuchtete – aber weil mich seine Fürsorglichkeit rührte. Wir werden uns wohl nie mehr sehen, aber ich wünsche ihm ein langes Leben und hoffe, daß er sein gelbes Motorrad vorsichtig benützt. Vielleicht steht es ja nur in seiner Garage, und er poliert es samstags und streichelt es.

Von der Streitkultur

Ein Freund in Berlin fragt mich nach Meienberg, nach seinem Tod. Warum kann ich nun nicht einfach sagen: »Ich bin traurig.« Warum muß ich ansetzen zu langen Erklärungen von Schwierigkeiten, die wir mit ihm hatten, die er uns immer wieder machte?

Ich weiß nicht einmal, wieviel jener Berliner von Meienberg kennt, ob er überhaupt etwas von Meienberg gelesen hat – vielleicht nicht –, aber er ist ein Linker, ein 68er wie Meienberg selbst, und er weiß sicher etwas von Meienberg, nämlich daß er einer von ihnen war, daß sie, die ehemaligen 68er, einen verloren haben.

Warum muß ich ihm nun noch erklären, daß Meienberg sehr unsolidarisch sein konnte, sämtliche seiner Freunde immer wieder mit seiner Eifersucht quälte, sie dauernd zu diffamieren versuchte, eifersüchtig darauf bedacht, der Beste und der Geliebteste zu sein? Ist es Eifersucht gegen Eifersucht? Ich erinnere mich an einen ruhigen, stillen Sonntag in meinem Arbeitszimmer. Ich war am Lesen, genoß es, von niemandem gestört zu werden. Da rief Meienberg an – wie immer in seiner aufgeregten Art – und sagte, er sei in Solothurn, sitze in einer Beiz und wolle mich sehen. Der schöne Sonntag war kaputt. Ich wußte, er würde mit mir heftig diskutieren, über Kollegen schimpfen, mich beschimpfen. Doch es wurde ein wunderschöner Nachmittag und ein stiller, und Niklaus erzählte. Getrübt wurde er nur durch meine lauernde Haltung: »Wann kommt es? Warum ist er so freundlich?« Wir gingen nach einigen Stunden zu seinem Auto, er öffnete den Kofferraum, entnahm ihm sein eben erschienenes Buch »Wille und Wahn« und überreichte es mir. Ich ging zurück in mein Arbeitszimmer, begann zu lesen und konnte nicht mehr aufhören. Ich war begeistert, ein hervorragendes Buch. Das war es, was ihn so angenehm machte an diesem Tag: Er wußte, daß er ein gutes Buch geschrieben hatte. Und für mich blieb nur ein ganz kleiner Ärger zurück, der Ärger darüber, daß ich mich freuen mußte, daß er mich nicht beschimpft hatte.

Er hatte uns alle dauernd in Verdacht. Er verdächtigte uns des Verrats, der falschen politischen Haltung, der falschen literarischen Auffassung. Und wir haben es alle ertragen – ein Mal, zwei Mal, drei Mal –, und dann kamen unsere Verdächtigungen.

Er war ungerecht, und das war er immer dann, wenn er vehement um das Recht kämpfte, um das Recht der Darstellung der Wahrheit, um seine persönlichen Rechte, um das Recht, Meinung verbreiten zu dürfen. Er war ungerecht, das war seine Stärke, seine politische und seine literarische Stärke. Er reagierte heftig und schnell auf alles. Und wer so heftig reagiert, der muß auch ungenau sein. Da war immer ein Komma, ein Satz, eine Behauptung, an der ihn ein politischer Gegner aufhängen konnte. Denn seine Gegner glaubten an absolute Wahrheiten. Eine Welt der absoluten Wahrheit aber macht Journalismus unmöglich. Das wissen jene, die von Journalisten Objektivität und nur Objektivität verlangen. (Die DDR z. B. war eine Welt der absoluten Wahrheiten. Die Wahrheit war dort ein Regierungsbeschluß. Es gibt genug Spießer, die dies auch bei uns so haben möchten.)

In der Beiz, in der ich Niklaus damals traf, saßen viele Italiener. Sie schrien sich an mit roten Köpfen. Sie stritten sich fürchterlich, und sie waren Freunde, gute Freunde, die sich hier freundschaftlich trafen.

Wir sprechen zwar viel von demokratischer Kultur und meinen damit dann wohl doch nur ein bißchen Wohlverhalten und ein bißchen Nettigkeit. Mir scheint, daß uns die Streitkultur verloren gegangen ist. Die Zunahme der Gewalt könnte unter vielem anderen auch damit zu tun haben, daß wir das Streiten verlernt haben. Wir können nur noch hassen oder lieben – streiten können wir nicht mehr.

Nun haben wir einen Streiter mehr verloren, und das vielleicht auch deshalb, weil uns immer wieder die Lust fehlte, mit ihm zu streiten, und ihm letztlich nur noch der Streit mit sich selbst blieb.

Frieden unter Freunden?

In einem Fragebogen von Max Frisch – Fragen, die nicht dafür gedacht sind, vorschnell beantwortet zu werden – steht die Frage:
»Wenn Sie die Macht hätten zu befehlen, was Ihnen heute richtig scheint, würden Sie es befehlen gegen den Widerspruch der Mehrheit? Ja oder Nein. Und warum nicht, wenn es Ihnen richtig scheint?«
Ich möchte die Frage nicht beantworten, aber sie beschäftigt mich, und es ist wohl jene Frage, die immer wieder Politik relativiert. Niemand will große Politik, man will die ganz kleine oder noch lieber gar keine.
Rabin und Arafat haben kürzlich Politik gemacht, große Politik und für viele auch unpopuläre. Die politischen Kommentatoren waren sich denn auch sehr schnell darin einig, daß dieses Abkommen der gegenseitigen Anerkennung nicht unterschrieben werde, keine Chancen habe, und nach der Unterschrift war man sich auch bald einig,

daß es nicht funktionieren könne. Die erste Prognose allerdings war falsch – es wurde unterschrieben. Vielleicht haben die beiden wirklich Frischs Frage mit Ja beantwortet.

Rabin hatte einen harten Stand vor dem israelischen Parlament – der Knesset –, als er seine Entscheidung, die PLO anzuerkennen, zu begründen hatte. Und er sagte dabei einen Satz, der in der allgemeinen Aktualitätenflut etwas allzuschnell untergegangen ist:

»Die PLO ist ein Feind und bleibt ein Feind, aber Frieden wird unter Feinden ausgehandelt.«

Das ist ein harter Satz und ein mutiger Satz, und er erinnerte mich an die – rhetorische – Frage von Max Frisch. Unsere Politik ist dauernd und immer wieder die Politik von Freunden und die Politik unter Freunden – von echter Freundschaft über erzwungene Freundschaften bis hin zur freundschaftlichen Korruption. Politiker wollen beliebt sein und sie sind es, und damit basta.

Mit dem Feind Frieden schließen, das heißt auch, den andern so zu nehmen, wie er ist – nicht darüber zu diskutieren, ob die PLO, ob die Serben, die Türken, die Kurden nun nett oder sympathisch oder gar sympathischer seien, sondern zu wissen, daß sie ganz anders sind, vielleicht sogar feindlich sind, zu wissen, daß Frieden unter Feinden ausgehandelt wird.

Macht ausüben, das heißt mitunter auch, andere zur Freundschaft zu zwingen. Auch despotische Chefs sind davon überzeugt, daß sie beliebt sind, denn sie zwingen ihre »Untertanen« zur Liebe.

Diktatoren zum Beispiel haben keine Feinde und sie zwingen ihre Bürger zur Freundschaft – wie etwa Erich Honecker, der durchaus überzeugt war, ein beliebter Landesvater zu sein. Wenn dann einer den Diktator nicht liebt, dann wird er zum Staatsfeind erklärt, nicht etwa zum Feind des Präsidenten, sondern zum Staatsfeind. Diktatoren können sehr unangenehm werden, wenn man ihnen die Liebe versagt.

Demokratie ist Politik von Mehrheiten. Aber die Eitelkeit und die Liebebedürftigkeit der Politiker macht diese Mehrheit oft zu einer lächerlichen Masse. Die Demokratie ist eine andere – eine bessere – Regierungsform, aber die Politiker aller Regierungsformen sind ähnlich: Eitelkeit und Liebesbedürftigkeit bestimmt ihr Tun. Und zum Schluß kann man dann in allen Staatsformen feststellen, daß wohl das Volk selber schuld war. Der Politiker ringt um die Liebe eines Volkes. Nicht *was* das Volk liebt, ist entscheidend, sondern *wen*. Daß es dann auch entsprechend zu hassen hat – nämlich alle anderen –, das ist der tödliche Preis für die Eitelkeit der Politik.

Wären wir nämlich alle so liebend und geliebt, wir hätten keine Politik nötig, und Frieden wird unter Feinden ausgehandelt.

Von einem, der im Krieg war

Es gibt Geschichten, die kaum erzählenswert sind, weil ihnen jede Besonderheit fehlt und weil es eigentlich nichts dazu zu sagen gibt.

Nun sitzt an der Bar in New York einer neben mir, der merkt, daß ich Ausländer bin, und der sich Mühe gibt, mit mir zu sprechen.

»Woher kommst du? Was machst du? Wie gefällt es dir hier?«

Er ist Drucker und erzählt mit viel Stolz von seinen Berufskenntnissen, irgendeine spezielle Art von Reliefdruck, wenn ich es richtig verstanden habe.

Er hat eine Zeitung mit, zeigt mit dem Finger auf einen Artikel und sagt: »Alles Quatsch, die Amerikaner machen wieder Scheiße, Krieg ist Scheiße.«

Es ist ein Artikel über den Zwischenfall im Persischen Golf. Mein Nachbar ist gegen die amerikanische Politik.

»Ich kenne den Krieg«, sagt er. »Ich bin mit 18 zum

Militär. Weißt du, was wir dort gelernt haben? Töten, nur töten haben wir dort gelernt.«

Seine Geschichte klingt jetzt wie auswendig gelernt, als kenne er sie so wie ich nur aus dem Kino. Er kann seine Geschichte nicht glaubhaft erzählen, das Kino hat sie ihm hinterher gestohlen. Sie ist jetzt die Geschichte von allen, und sie ist die Geschichte von hervorragenden Regisseuren und Schauspielern.

Er war Pilot in einem Kampfboot in Vietnam. Sein bester Freund, sein Schütze, ist in seinen Armen gestorben. Ich sehe die Szene in Farbe und mit Musik – er vielleicht auch.

»Nein, Krieg nie mehr«, sagt er, aber er erzählt weiter, erzählt, daß er der beste Bootspilot der Einheit gewesen sei, erzählt, wie schlecht sein zweiter Schütze gewesen sei, der eine kleine Tötungshemmung gehabt habe und den sie immer wieder verprügeln mußten, weil er schließlich Menschenleben aufs Spiel setzte.

»Laß es jetzt endlich sein, Jim«, sagt der Barmann. Jim muß es hier schon oft erzählt haben. Vielleicht hat er hier schon durchgedreht – diesmal nicht, ich sehe keine Spuren von Verrücktheit in seinen Augen.

»Und Nicaragua?« frage ich. »Was hältst du von den Amerikanern in Nicaragua?«

Er hält gar nichts davon. »Krieg ist Quatsch«, sagt er noch einmal, »nichts als Dummheit, was die da machen. Die soll man in Ruhe lassen, und Rüstung ist Quatsch, und alles.«

Mein Nachbar erzählt nichts, was ich nicht schon weiß. Ich weiß zum Beispiel, daß der Vietnamkrieg stattgefunden hat, daß er schlimm war. Das einzige, was neu ist für mich: Da sitzt wirklich einer neben mir, der da war, der getötet hat, der gelernt hat zu töten. Er trägt keinen Tarnanzug und keinen Helm. Er trinkt nicht zuviel, ist nicht drogenabhängig, ist ein sehr freundlicher Mensch, kein Fanatiker. Er spricht mit mir aus Freundlichkeit, bemüht sich um ein einfaches Englisch. Ich sitze neben einem, der da war, das ist alles. Und er ist gegen den Krieg, das habe ich erwartet. Und wenn ich diese Geschichte ganz ehrlich erzählen würde, dann würde sie nur aus dem Satz bestehen: Ich saß einmal neben einem, der im Vietnamkrieg

war. Und dann würde mir noch einfallen: Wie
lange ist das schon her?

In der Bar frage ich noch: »Du würdest sicher nie
mehr in den Krieg gehen?«

»Doch«, sagt er, »für mein Land immer, ich bin
ein hervorragender Bootspilot.«

»Nach Nicaragua auch?« frage ich.

»Nein, nie«, sagt er, »nur wenn sie mein Land ge-
fährden.«

So einfach ist das und so hoffnungslos.

Mein Freund Rambo

Kürzlich erinnerte ich mich wieder an Cornel. Er ist vor über zwanzig Jahren gestorben, ein Unfall auf einer Brückenbaustelle – er wird es besser gekonnt haben oder mutiger gewesen sein als die anderen. Ich erinnere mich eigentlich fast nur noch daran, daß ich ihn mochte. An seine Kleidung erinnere ich mich noch und an seine Art, an sein Gesicht kaum mehr.

Ein paar Leute sprachen in der Beiz mitleidig über einen Mann, dem es verdammt schlechtgeht, ein ehemals erfolgreicher Mann, der nicht ohne Selbstverschulden ins körperliche Elend kam. Ich mag zwar Mitleid, aber in diesem Falle brachte ich es nicht auf, und ich war selbst überrascht, als ich mich in dieser Runde des Mitleids gezwungen fühlte zu sagen: »Ich mag ihn nicht, ich mochte ihn nie!« Und dann erinnerte ich mich an Cornel. Cornel war das, was man damals – vor dreißig Jahren – als Stenz bezeichnete: hohe Rohgummisohlen, Pomadehaare, modische Kleidung, und er war stark, unheimlich stark. Er beherrschte die Beiz, schlug die Ungerechten und verteidigte die Gerechten, und der Maßstab für Gerechtigkeit war er selbst – Rambo hätte ihm gefallen. Und ich war stolz darauf, daß ich zu den Gerechten gehörte. Ich mochte ihn – oder eigentlich, ich mochte es, daß er mich mochte.

Er hatte eine Neigung zur Intelligenz, und er war auch stolz darauf, daß er ein ganz dickes Buch besaß – »Exodus« – und es auch gelesen hatte. Das war denn wohl auch der Grund, daß er für mich, den Lehrer, eine Zuneigung hatte. Er war mächtig, und ich war der Freund des Mächtigen. Aber es kam auch vor, daß er in großer Trunkenheit weinte, abends nach der Polizeistunde. Dann sagte er, wie sehr er seine Frau liebe, und jetzt werde er wohl nach Hause gehn, und dann werde irgend etwas gesagt, und dann werde er wohl wieder die Frau verprügeln. Und er bat mich, mit ihm nach Hause zu kommen und noch ein Bier zu trinken mit ihm, dann passiere es nicht. Ich war stolz, daß er mit mir darüber sprach.

Eines späten Abends dann kamen noch drei gut-

gekleidete Herren mit Silberkrawatten in die übel-
beleumdete Beiz. Offensichtlich glaubten sie, daß
sie hier noch etwas sehen und erleben könnten.
Der eine – der Erfolgreiche, der inzwischen Mitleid verdient und den ich gut kannte von früher –
hatte etwas gegen meine langen Haare und forderte mich über die Tische hinweg lauthals auf, zum
Friseur zu gehen. Das war das Stichwort für Cornel. Er ging zum Tisch der Herren, baute sich vor
dem Tisch auf und sagte: »Wohin muß mein
Freund gehen – würden Sie das bitte wiederho-
len.« Die drei Herren wurden etwas kleiner und
sagten nichts mehr. Cornel forderte mich auf, den
Herrn in die Fresse zu hauen. Ich sagte: »Cornel,
hör auf damit – ich will nicht schlagen, und ich
kann nicht schlagen.«
»Ich bin ja hier«, sagte Cornel, »heute kannst du,
es passiert dir nichts.«
Und dann stellte er sich hin und sagte: »Dann tu
ich's, ein Wort von dir, und ich tu's.«
Die Herren wurden noch kleiner und hatten ihre
Nasen schon fast auf der Tischplatte, und ich hielt
Cornel zurück, und ich fand es ein bißchen lustig,

daß es die Herren so schwer hatten hier, und Cornel war ein richtiger Freund, ein Freund wie im Westernfilm, ein Gerechter.

Die Herren haben dann schnell bezahlt und sind gegangen.

Als jetzt von jenem gesprochen wurde, der Mitleid verdient, ist mir mein großer Freund Cornel wieder eingefallen. Und auf dem Heimweg habe ich darüber nachgedacht, weshalb ich wohl jenen Krawattenträger hasse. Sicher nicht, weil er damals etwas gegen meine langen Haare hatte – aber vielleicht, weil er ein Großmaul war, ein Aufschneider, und weil ich ihn endlich einmal ganz klein gesehen hatte und weil er so servil war in seiner Angst.

Aber am selben Tag hatte ich noch einen Satz gehört in der Beiz (in dieser Schweiz, 1988). Eine Frau sagte zu ihrer Freundin: »Ich lebe mit meinem Freund jetzt schon ein Jahr und einen Monat zusammen, und er hat mich noch nie verprügelt.« Heißt dieser Satz etwa, daß es Frauen gibt, die daran gewohnt sind? Heißt das etwa, daß es eine besondere Leistung des Freundes ist, auf das Schlagen zu verzichten?

Cornel fand es vor dreißig Jahren großartig, daß er darüber weinen konnte. Er tat es, und er weinte, und er tat es wieder.

Auch dieser Satz der Frau erinnerte mich an ihn. Plötzlich wußte ich, warum ich diesen ehemaligen Krawattenherrn hasse. Nicht weil er ein Großmaul war, nicht weil er mich beleidigen wollte, sondern weil er mich immer wieder an meinen miesen Stolz auf die Freundschaft eines Gewaltigen erinnert. Mir gefiel es, ein Freund Rambos zu sein. Ich war an seiner Gewalttätigkeit nicht unschuldig. Daß er ein angenehmer Gesprächspartner war und nicht ungebildet, das hört man ab und zu auch von politischen Gewalttätern.

Der geliebte Rucksack-Käser

Über ihn gibt es eigentlich fast nichts zu erzählen. Ich erinnere mich nicht daran, daß er je etwas zu mir gesagt hätte, ich erinnere mich nicht daran, daß ich je etwas zu ihm gesagt hätte. Ich erinnere mich nicht an seine Stimme, und es kann sein, daß auch das Gesicht, das ich in Erinnerung habe, nicht seinem Gesicht gleicht. Aber er hatte einen Namen, und den Namen hatte ich wohl für ihn erfunden: Er hieß Rucksack-Käser. Dies, weil mein Vater zwei Arbeitskollegen hatte mit dem Namen Käser. Der eine offensichtlich ein zuverlässiger und guter Kollege und auch ein Freund meines Vaters – das war der Käser – und der andere ein eigenartiger, er hatte die Eigenart, stets einen Rucksack zu tragen, und deshalb nannte ich ihn den Rucksack-Käser.

Und das einzige, was ich über ihn sagen kann, ist, daß ich ihn liebte – daß ich so sein wollte wie er, daß ich so sein wollte, daß ich ihm gefallen hätte. Er war – so schien mir – ein richtiger Mann. Er war sehr still und etwas gebückt, und mein Vater sprach mit ihm anders als mit anderen, und nach jedem Wort war der Rucksack-Käser noch etwas stiller und etwas gebückter. Und das ist schon alles, was ich über ihn weiß, und so lohnt es sich wohl nicht, über ihn zu erzählen, und ich belästige wieder einmal meine Leserinnen und Leser mit Belanglosem.

Die Sache mit dem Rucksack-Käser ist jedenfalls nicht dringend. Ich hätte sie schon vor Jahren erzählen können oder auch Jahre später. Und vielleicht ist es nur meine Erinnerung an seinen Namen, was ihn für mich so wichtig macht: Rucksack-Käser. Und vielleicht ist er nur so wichtig, weil ich ihm einen Namen gegeben habe. Er war der erste Mensch, den ich benannt habe, dem ich einen Namen erfunden habe.

Ich war drei- oder vierjährig damals, und ich liebte den Rucksack-Käser ganz herzlich, ohne jeden Grund.

Er war im Unterschied zum anderen Käser der Käser mit Eigenschaft.

Es gibt einen hier in der Stadt, der gleicht ihm –

ein stiller Trinker, ein Handwerker – Gipser –, ein wortkarger Mensch. Einer jedenfalls, dem man die Geschichte vom Rucksack-Käser nicht erzählen könnte. Wem könnte man diese Geschichte schon erzählen, diese Geschichte, die gar keine ist. Ich habe noch selten ein Wort mit dem Gipser gesprochen. Ich habe ihm nur einmal gesagt, daß er jemandem gleicht. Aber das hat ihn – wohl zu Recht – nicht interessiert.

Trotzdem, ich freue mich jedes Mal, wenn ich ihn treffe. Ich mag ihn sehr, und auch ihn ohne jeden Grund, das heißt, ohne daß er dafür verantwortlich sein könnte.

Denn ohne Grund eigentlich nicht – er erinnert mich an eine Zeit, als ich die Menschen noch gern hatte, als es mir noch gelang, einen Menschen zu benennen – mit einem Namen in meine Welt aufzunehmen – und zu lieben, so wie ich wohl damals meine Welt liebte.

Erst Jahrzehnte später fragte ich meinen Vater einmal nach diesem Rucksack-Käser. »Ein Nichtsnutz«, sagte er und lächelte, und das Lächeln sah aus, als ob auch er sich nicht nur ungern an ihn erinnerte. Aber was er von ihm erzählte, das war nicht viel Positives, ein Trinker halt, ein Rotweintrinker, der montags selten arbeitete und oft die ganze Woche nicht. Einer, der wohl seine ganze Habe im Rucksack hatte – ein Einsamer.

»Aber er war doch immer wieder bei uns zu Hause«, sagte ich.

»Nein«, sagte er, »mehr als zwei-, dreimal kannst du den gar nicht gesehen haben, und wenn er kam, dann kam er nur, um mich anzupumpen, und meistens auch sehr betrunken.«

Das überraschte mich, denn ich hielt ihn für einen richtigen Mann, für einen Stillen und Starken. Das war er offensichtlich nicht. Und mein Vater erzählte auch, daß er vielen Leuten viele Sorgen gemacht hatte – sich selbst auch – und daß er ein böses Ende genommen hatte.

Vielleicht war er einer, der von sich glaubte, auf dieser Welt zu nichts nütze zu sein. Und er wird wohl nie davon erfahren, daß er von einem kleinen Kind herzlich geliebt wurde, daß das damalige kleine Kind ihn bis heute nicht vergessen hat und daß es inzwischen auch eine (kleine) Neigung zu rotem Wein hat und sich inzwischen auch schwer tut mit Lieben und Geliebtwerden.

Der Briefträger

Gegen unseren Briefträger – damals, als ich ein kleines Kind war – konnte man nichts machen. Er kam jeden Tag etwas später als erwartet, also müßte er ab und zu auch früher als erwartet gekommen sein. In Wirklichkeit aber arbeitete er ohne Zeitplan. Die Post wurde damals noch zweimal am Tag zugestellt, und so war er also den ganzen Tag in unserem Quartier anzutreffen. Wer seine Post etwas früher wollte, suchte ihn in der nächsten Straße. Dann setzte er sich auf ein Mäuerchen, atmete tief ein und tief aus, kramte in seiner Tasche herum, brachte die ganze Ordnung durcheinander, fand endlich die Post und händigte sie aus.

Im übrigen war er eine Respektsperson. Er trug seine Uniform wie ein General, und er verteilte die Post wie eine persönliche Gunst. Er – so schien es – entschied darüber, wer einen Brief bekommt, eine Postkarte, eine Mahnung oder eine Zeitung. Und er war gerecht, alle bekamen ab und zu eine

Zeitung. Er hatte einen langen weißen Bart und den schleppenden Gang des Sankt Nikolaus, und so alt, wie er in meiner Erinnerung erscheint, kann er gar nicht gewesen sein.

Die Art, wie er sein Amt ausübte, muß ihn älter gemacht haben – er war so etwas wie ein Götterbote, und wenn man ihn sah, dann hatte man nicht den Eindruck, daß er die Briefe auf dem Postamt abholte. Es waren sozusagen seine eigenen Briefe – auf die er ab und zu wohlwollend verzichtete, sie wohlwollend einem glücklichen oder unglücklichen Empfänger übergab. Und weil er so langsam war, lebte er eigentlich den ganzen Tag in unserem Quartier und übte sozusagen die Arbeit eines verschlafenen Nachtwächters tagsüber aus.

Nein, das war nicht auf dem Land, und das war keine Idylle. Das war in einer Stadt, die im übrigen so ungemütlich war wie andere Städte, und die Nachbarn waren nicht anders als anderswo.

Erwähnenswert wäre er auch nicht, unser damaliger Briefträger, hätte er nicht eine Eigenschaft gehabt, die mir als Bild dauernd im Kopf bleibt: Unser Briefträger war ein leidenschaftlicher Leser. Wo er auch immer ging, er war dauernd – gehend – am Lesen.

Er las die Zeitung, ging ein paar Schritte, blieb stehen, ging wieder bis zum entsprechenden Briefkasten, las den Artikel vor dem Briefkasten zu Ende, faltete die Zeitung und warf sie ein.

Er öffnete unverschlossene Drucksachen und las die Prospekte. Und wohl nur, weil Zeitungen so unförmig sind, bevorzugte er Postkarten. Er las, er blieb stehen, er schüttelte den Kopf über einen Rechtschreibfehler, er freute sich über eine gute Nachricht, und wenn ihm die Postkarte ganz besonders gefallen hatte, dann legte er sie nicht nur in den Briefkasten, sondern er läutete, grüßte freundlich und sagte: »Ihrer Schwester im Tessin geht es sehr gut, sie haben wunderschönes Wetter, und sie hat sich auch gut erholt.«

Hätte jemand über sein Verhalten bei der Post geklagt, er hätte wohl Schwierigkeiten bekommen und wäre wohl im Wiederholungsfalle entlassen worden.

Aber geklagt hat niemand. Geärgert darüber haben sich wohl alle – und unrecht war es auch, aber es war nun mal so, und er war nun mal so – und ein richtiger Briefträger hätte ihn nicht ersetzen können.

Beim Lesen meiner Fichen ist er mir wieder eingefallen, unser guter alter Briefträger, der unsere Postkarten nicht etwa im Geheimen las, sondern öffentlich und mitleidend, sich mitfreuend, teilnehmend. Und er teilte den Adressaten auch mit, was er jetzt wußte. Hie und da hat man gern einen Mitleser, und er war ein besorgter Mitleser.

Das Postgeheimnis – so scheint mir – war bei ihm in guten Händen.

Inzwischen wissen wir, in wie schlechten Händen es bei den offiziellen Hütern des Geheimnisses ist. Das, was unser Briefträger getan hat, war wohl – wenn auch akzeptiert – illegal. Genauso illegal wie die Machenschaften der Bundespolizei – die mir im übrigen nicht eine Fotokopie meiner Fiche, sondern eine Fotomontage geschickt hat – eine schlecht gemachte Fotomontage sogar. Es fehlen in ihr ganze zehn Jahre, die vielleicht auf die Überwachung eines prominenten Freundes hätten hinweisen können. Aber ich will davon nichts mehr wissen. Es ist mir verleidet, mit Illegalen über die Legalität zu streiten, mit jenen auch, die heute wieder von Rechtsstaatlichkeit sprechen, wenn es um das Leid kurdischer Familien geht.

Woher beziehen sie übrigens das Recht, mir die Fichen zuzustellen? Aus einer bundesrätlichen Anweisung, über die auch niemand abgestimmt hat. Eine solche Anweisung wäre doch auch aus humanitären Gründen gegenüber Kurden denkbar, ohne daß die Rechtsstaatlichkeit verletzt wird.

Was mir aus Fichen, die ich gesehen habe, entgegentritt, das ist Haß – persönlicher Haß von kleinen anonymen Beamten.

Unseren Briefträger aber kannten wir, er liebte uns, und seine Schnüffelei war Anteilnahme.

Ein Buch über Menschen

Ich traf ihn erst ein paar Wochen später, als ihn niemand mehr darauf ansprach, daß er in der Zeitung stand. Aber er saß immer noch in der Kneipe, lächelte – was ihm fast nicht gelang – den Leuten zu, wartete immer noch darauf, daß ihn einer auf seine Leistung anspräche, und seine rechte Hand war schon bereit für die abweisende Bewegung, mit der er das Kompliment von sich gewiesen hätte.

Alfred interessiert sich nicht für all dieses Zeug, das in den Zeitungen steht. Er will seine Ruhe haben, wie er sagt, und das heißt für ihn auch Ruhe vor den Buchstaben, mit denen er mal gequält wurde in der Schule, und die mitunter verantwortlich waren dafür, daß er keinen Beruf lernen konnte, daß man mit ihm auf den Ämtern anders sprach als mit anderen, daß er Termine verpaßte und – wo und wie auch immer – in Verzug kam.

Ich bin nicht einmal sicher, ob Alfred ein Exemplar der Zeitung besaß und aufbewahrte, und wenn, dann wüßte er wohl bereits nicht mehr, wo – er hätte den Zeitungsausriß wohl zwei Wochen in der Jacke mitgetragen, bis er zerknüllt und unlesbar gewesen wäre. Nein, wer die Buchstaben nicht mag, der geht mit seinem Leben nicht buchhalterisch um, und fast hätte man ihm seine abweisende Handbewegung geglaubt.

Alfred versteht etwas von Pilzen. Er kennt sie alle – nicht eigentlich ein Naturfreund, viel eher einer, der darüber mehr weiß als die anderen, und einer, der seine Pilzkenntnisse aus der Armut in seiner Jugend hat.

Den riesengroßen Steinpilz – nein, nicht einfach ein Riesenbovist –, mit dem er nun vor Wochen in der Zeitung abgebildet war, hatte er nicht einfach durch Zufall gefunden, sondern durch besondere Kenntnisse, und er beobachtete ihn lange, pflegte ihn und tarnte ihn und ließ ihn groß und gesund werden.

Inzwischen war der Zeitungsausschnitt zerknüllt und unlesbar und die Sache vergessen. Irgendwie war ihm das auch recht, denn er hatte nach und nach genug davon, mit all jenen, die nichts von Pilzen verstehen, über Pilze streiten zu müssen.

Ich saß ihm also gegenüber und hatte zufällig ein Buch von mir – eine Sammlung von Kolumnen – in der Tasche. Ich wußte, wie hoch das Risiko war, ihm, dem Buchstabenfeindlichen, ein Buch zu schenken. Ich fürchtete mich vor seiner Wut.

Ich versuchte es trotzdem und schrieb in das Buch: »Für Alfred – dem großen Pilzkenner mit herzlicher Gratulation zum größten Steinpilz.« Zu meiner Überraschung freute ihn das Geschenk, er versuchte sogar zu strahlen – und er versuchte, einen ganzen Abend lang freundlich zu sein.

Er steckte das Buch in die hintere Tasche seiner Jeans, und ich hätte nicht gedacht, daß er es so bis nach Hause bringen würde. Ein Paar Tage später aber sprach er mich darauf an. Er hatte wirklich versucht, darin zu lesen, erwähnte einige Sachen, glaubte auch, sich selbst in dem Buch entdeckt zu haben, und nahm es mir nicht übel.

Er hatte wirklich versucht, in diesem Buch zu lesen – ich werde ihm das nie vergessen, er ist ein Freund von mir, wenn auch ein schwieriger.

Nun, zwei Jahre später, beginnt er plötzlich, mit mir über Pilze zu sprechen – er tut das sonst mit niemandem –, und wie ich sage, daß ich von Pilzen nichts verstehe, sagt er: »Doch, du verstehst sehr viel davon, du hast mir doch damals ein Buch über Pilze geschenkt.«

Das überraschte mich, denn in jenem Buch stand nichts – gar nichts – über Pilze. Er hatte nur das Buch sehr persönlich genommen – und er persönlich ist ein Pilzkenner.

Alfred ist kein Leser. Aber ich habe von ihm gelernt, was Lesen sein könnte: Geschichten persönlich nehmen. So wird dann für den leidenschaftlichen Pilzfreund jedes Buch zu einem Buch über Pilze, für den leidenschaftlichen Menschen jedes Buch ein Buch über Menschen.

Das Gegenteil vom Matterhorn

Wir sind alte Freunde, und wir sehen uns ab und zu und freuen uns, wenn wir uns sehen. Orell ist sehr klein, und das war er schon immer – wie gesagt, wir sind alte Freunde –, er war also sozusagen schon immer da. Das ist eigenartig, ich habe das Gefühl, daß ich ihn schon mein halbes Leben lang kenne – und er ist erst vierjährig.

Wenn ihn Leute ansprechen, für die er jetzt keine Zeit hat oder deren Fragen ihn nicht interessieren, streckt er sein Händchen hoch, legt den Daumen nach innen in die Handfläche: vier Finger, vier Jahre. Er ist es gewohnt, nach seinem Alter gefragt zu werden, und hakt die Frage mit einer Handbewegung und einem freundlichen Lächeln ab.

Nun steht er vor mir, schaut mich lange an und fragt mich: »Bist du ein alter Mann?« Ich sage: »Ja.« Und mein Ja erschreckt mich, und nur aus Verlegenheit füge ich an: »Und du bist ein junger Mann.« »Nein«, sagt er, »ich bin ein junger Bub.« Die Sache ist damit erledigt.

Seine Frage ist ernst. Sie könnte auch etwa so gestellt sein: Gehe ich richtig in der Annahme, daß
Sie eventuell ein alter Mann sind, daß das, was du
bist, eben das ist, was man einen alten Mann
nennt? Jedenfalls ist es nicht dasselbe, wenn ich
sage, was ich wohl auch schon gesagt habe: »Ich
bin alt.« Dasselbe als Frage ist nicht dasselbe – und
dazu das freundliche Strahlen von Orell, der auf
die Welt gekommen ist, um sie zu entdecken: Was
ist das? Und warum ist das? Interessiert an dieser
Welt, begeistert von ihr – begeistert auch von mir,
interessiert an mir –, wir erkennen uns, wenn wir
uns sehen. Er erkennt mich und will wissen, ob
das, was er jetzt erkennt, etwa das ist, was man als
alten Mann bezeichnet. Ja, unsere Freundschaft
dauert schon fast eine kleine Ewigkeit, und wir
sind die ganze Ewigkeit gleich geblieben, er jung
und ich alt – wir haben eine Ewigkeit im Jetzt gelebt.

Ist unter diesen Bedingungen alt das Gegenteil
von jung? Es gibt diese unsäglichen Vorstellungen von Gegenteilen und die Schulaufgaben:
»Nenne das Gegenteil von ...« Schwarz ist dann

das Gegenteil von weiß, gut von schlecht, groß
von klein.

Und ich erinnere mich an die vierjährige Flavia,
sie ist schon längst eine erwachsene Frau, die uns
damals einen ganzen Sonntag lang erzählte, daß
sie von einem ganz, ganz kleinen Zauberer geträumt habe. Und auf unsere Fragen, was sie denn
von diesem Zauberer geträumt habe, entsetzt erklärte: »Nein, nicht etwas – nur ein ganz, ganz kleiner Zauberer«, und sie preßte Daumen und Finger
zusammen und sagte: »Noch kleiner als so – viel
kleiner als klein.« Sie hatte im Traum etwas gesehen, was man nicht sieht, und sie verzweifelte einen ganzen Sonntag lang, daß die Erwachsenen
unfähig waren, ihre Begeisterung darüber zu teilen. »Etwa so klein?« fragten sie. »Nein, viel, viel
kleiner – kleiner als klein«, sagte sie.

Der kleinste Bahntunnel der Schweiz übrigens
liegt irgendwo auf der Strecke zwischen Biel und
Basel. Ich hatte mal die Gelegenheit, auf dieser
Strecke neben dem Lokomotivführer zu sitzen. Er
erklärte mir alles, jeden einzelnen Tunnel auch,
und daß bei der Einfahrt immer die Länge des

Tunnels angeschrieben sei, und daß jetzt dann der kleinste Tunnel der Schweiz komme, und daß ich ja nicht das Schild mit der Längenangabe verpassen dürfe. Und er war von der Kleinheit des Tunnels so begeistert, daß für mich die kurze Durchfahrt – etwa ein Meter – fast zum Ritual wurde. Ist nun der neue längste Tunnel sein Gegenteil? Oder bin ich, weil ich einmal jung war und jetzt alt, zu meinem Gegenteil geworden?

Die Frage ist berechtigt. Wenn ich die Alten in der Kneipe auf die Jungen schimpfen höre – dann habe ich oft den Eindruck, sie schimpfen auf nichts anderes als auf ihr Gegenteil. Und das Gegenteil von Schweizer wäre dann Ausländer.

Nein, der größte und der kleinste Tunnel der Schweiz sind nicht ein Gegenteil, sie sind im gleichen, sie sind Eisenbahn. Warum muß das andere immer ein Gegenteil sein? Groß – klein, alt – jung, Mann – Frau. Und was eigentlich ist das Gegenteil vom Matterhorn?

Nein, Orells Frage, bist du ein alter Mann, war nicht die Frage nach dem Gegenteil, meine hilflose Antwort allerdings – und du bist ein junger

Mann –, das war nichts anderes als das Gegenteil. Wir sogenannten Erwachsenen retten uns immer wieder in Gegenteile – das Andere ist das Gegenteil.

Wir aber, mein Freund Orell und ich, leben im gleichen Jetzt.

Einer erzählt mir zählend sein Leben

Nein, der Gusti hatte kein gutes Leben, hineingeboren in eine arme und große Familie, Verdingbub, und später herumgeschoben in der halben Schweiz, von Arbeitsplatz zu Arbeitsplatz, meistens auf dem Bau, in einer Fabrik, in einem Sägewerk. Er erzählt davon durch seinen struppigen Vollbart hindurch, und man versteht ihn kaum, wie wenn der Vollbart seine Stimme dämpfen würde. Er hat einen schweren Sprachfehler, der seinen Wörtern etwas Klagendes gibt. Man muss sich einhören, immer wieder, und ich tu das gern und höre ihm gerne zu. Er ist ein langsamer und ein karger Erzähler. Er zählt die Orte auf, wo er war. Er zählt auf, was er arbeitete dort. Sein Erzählen ist ein wirkliches Zählen, und dieses Zählen ist von einem Lächeln begleitet. Es gibt viel zusammenzuzählen in seinem Leben, und er ist stolz darauf und zufrieden, daß es soviel geworden ist – weder viel Geld noch viel Ehre, weder viel Erfolg noch viel Glück – aber immerhin sehr viel. Nein, er hatte kein gutes Leben, aber ein zufriedenes, ein Leben, in dem viel drin war. Man kennt ihn in der kleinen Stadt, er ist hier jemand. Nichts an ihm läßt Stolz vermuten, aber er ist stolz, und das ist er nur für sich selbst. Kein anderer braucht davon zu wissen.

Und plötzlich unterbricht er seine Erzählung und fragt mich:

»Hast du die Erna, aber vielleicht heißt sie gar nicht so, vielleicht Vreni, kürzlich irgendwo gesehen?«

Ich frage, ob er sie beschreiben könne.

»Nein«, sagt er, »er kenne sie nicht, sie sei aber immer so in der Stadt herumgegangen – vielleicht eine Polin oder so.«

Und ich sehe eine Frau, die ich auch nicht kenne und von der ich auch nicht weiß, wer sie ist.

»Meinst du die mit so vielen Plastiksäcken, die überall, wo sie sitzt, geschäftig ihre Unordnung in den Säcken in eine neue Unordnung bringt?«

»Ja«, sagt er, »die habe ich schon lange nicht mehr gesehen.«

»Ja«, sage ich, »ich auch nicht.«

Er habe sie nicht gemocht, sagt er. Ja, eine schwierige Frau, sage ich.

Und auch mir ist kürzlich eingefallen, zufällig, daß ich sie schon lange nicht mehr gesehen habe. Menschen, die man immer wieder sieht, keine Ahnung hat, wer sie sind, wie sie heißen – schöne, häßliche und angenehme Menschen, und auch unauffällige ohne Eigenschaften, und plötzlich einmal, nach Wochen oder Monaten stellt man plötzlich fest, daß man sie schon lange nicht mehr gesehen hat – nein, man vermißt sie keineswegs, man stellt nur fest, daß sie nicht mehr da sind.

»Vielleicht ist sie gestorben«, sagt Guschti im selben Tonfall, wie er aufzählt und erzählt. Sollte sie gestorben sein, mir würde das doch irgendwie leid tun. Ihm wohl auch.

Mir aber fehlt sie nicht. Ihm fehlt sie. Guschti geht zählend durch die kleine Stadt. Er weiß von den meisten, wo sie wohnen, wo sie wann wohin gehen, er hat sie alle gezählt, und jetzt fehlt eine.

»Weißt du, wieviel Sternlein stehen an dem großen Himmelszelt«, haben wir in der Sonntagsschule mit Inbrunst gesungen, »Gott allein hat sie gezählet, daß ihm gar kein einz'ges fehlet.« Dem Gusti aber fehlt eines in seiner Zählung, die eine Erzählung ist. Und seine Erzählung ist eine Aufzählung, die emotionslose Aufzählung von all den Dingen, die er weiß, die er gesehen hat, die er gehört und gelebt hat. So wie der Reiche sein Geld zählt, so zählt der arme Guschti sein Leben und ist mit der großen Summe von Leben zufrieden, erschrickt aber wie der Reiche, wenn doch plötzlich etwas fehlt.

Guschti ist ein Einzelgänger, aber einsam ist er nicht, er lebt unter Menschen. Und er lebt zählend und erzählend, sich selbst erzählend. Er kann sich sein Leben erzählen, sein großes Leben in einer kleinen Gegend. Und auch wenn er mir erzählt, erzählt er eigentlich nur sich selbst und lässt mich als Gast an seinem Erzählen und Aufzählen teilhaben, er nimmt mich für ein paar Minuten hinein in seine Geschichte. Und er erzählt ohne Grammatik, nur mit Bezeichnungen und Namen, Ortschaften, wo er war, seine Dinge, seine Beizen. Ein großes Inventar seines großen Lebens.

Und ich frage mich auf dem Heimweg, wie viele

Menschen ich wohl in meinem Leben gesehen habe, von weitem und von nahem, wie viele Dinge, Gläser, Tassen, Zangen, Hämmer, wie viele Häuser, Straßen, Dörfer. Ich stelle mir vor, daß man das akribisch hätte aufschreiben können, eine riesig lange Liste, ein Buch des Lebens. Aber damit hätte man früh beginnen müssen, und dafür ist es jetzt zu spät.

Das Mädchen mit der Zitrone

Krampfhaft und verkrampft, auch ein wenig ge-
schwächt – ich habe eine Grippe hinter mir – nach
einem Thema für eine Kolumne suchen, im Hirn
herumgrübeln, im eigenen Leben herumfahren,
nach Menschen suchen, denen ich begegnet bin –
Biographie, Biographie.

Ich werde sie mir in den nächsten Tagen wieder
einmal und noch einmal und noch einmal anhören müssen: 1935 geboren, Lehrer in, erste Veröf-
fentlichung usw. usw. Und ich werde sie mir anhören wie die Biographie eines Fremden, denn selbst
ich hatte sie nach und nach auswendig zu lernen,
wie wenn ich sie nicht selbst gelebt hätte. Habe
ich sie überhaupt gelebt, oder hat meine Biographie mich gelebt?

1935 in Luzern geboren, das ist wohl richtig – 24.
März, das Datum ist mir zu einem besonderen geworden, wenn ich es auch sozusagen nicht erlebt
habe. Dann aufgewachsen, und schon ist man
Schriftsteller – so geht das.

Und irgendwie bäumt sich in mir etwas auf – da fehlt etwas.

»1941 traf er in Langnau im Emmental die Familie Horisberger«, das fehlt, und es ist mir wichtig – da war ich wirklich dabei, hinter dem Haus der Metzgerei Horisberger im Garten an einem Tisch. Und sie haben mit mir gesprochen und ich mit ihnen, und ich sehe ein genaues Bild davon. Und ich fühlte mich ernst genommen, und es ging mir richtig gut.

Wie viele Namen habe ich inzwischen vergessen? Wichtige Namen von Menschen, mit denen ich etwas zu tun hatte, etwas erlebt hatte. Aber jedesmal, wenn ich in meinem Hirn zu wühlen beginne, leuchtet der Name Horisberger als erstes auf. Ich mag die Horisbergers zwar mehrmals gesehen haben, damals als Kind, erinnere mich aber nur an diese eine Begegnung und habe sie später, als ich älter wurde, nie mehr gesehen.

Sie waren die Nachbarn meiner Patentante, meiner guten Gotte, bei der ich in den Ferien war. Da gab es Pferde und einen Traktor und einen wunderbaren Fahrer, der Lehmann hieß und wohl etwas viel trank, und Stallungen und Scheunen und Remisen und viel zu erleben. Da gäbe es zu erzählen.

Von Horisbergers gibt es nichts, gar nichts zu erzählen. Die waren nur da, und die haben mir so sehr gefallen, und mir war es richtig wohl, und ich gehörte dazu. Kein Erlebnis, kein erwähnenswertes Datum in meiner Biographie. Ich verliebte mich wohl in sie, und mit ihnen in das Leben – ob zu Recht oder nicht, das spielt keine Rolle. Mein Gedächtnis hat davon eigentlich nur etwas gespeichert, einen Namen, einen wunderbaren Namen, Horisberger. Er steht für nichts anderes als für ein heftiges Gefühl des Daseins – ich bin da und gehöre dazu. Was will man mehr von seinem Leben? Wie vielen Menschen bin ich wohl in meinem Leben begegnet? Und wie viele Menschen haben mein Leben ausgemacht? Ich wühle in meinem Hirn und versuche immer wieder, ein Inventar zu erstellen, und komme dabei selten über meine frühsten Kindheitserinnerungen heraus. Jene Zeit, in der man noch nichts werden mußte – nur dasein. Ob ich das heute noch dürfte als Sechsjähriger? Heute müßte ich wohl in diesem Alter schon etwas werden, mich in den Existenzkampf einordnen, bevor ich das Gefühl von Existenz erlebt hätte – ich existiere, ich bin da.

Wenn ich mir die Biographie meiner »Erfolge« anhören muß – 1964 »Eigentlich möchte Frau Blum den Milchmann kennenlernen« –, fällt mir »1941 Horisbergers in Langnau« als Trost ein. Leben könnte etwas anderes sein als Biographie.

Damals, als ich noch keine Biographie hatte: eine Waldlichtung in der Nähe von Luzern, ein Kinderspielplatz und das Mädchen mit der Zitrone. Sie aß Zitronen, wie andere Orangen aßen, Schnitz für Schnitz, und ich verehrte sie und hielt sie für sehr erwachsen – dünn, blond, frech und lustig. Was aus ihr wohl geworden ist und aus all den Hunderten oder Tausenden, denen ich in meinem Leben begegnet bin.

Das Mädchen mit der Zitrone – Pippi Langstrumpf hat mich später an sie erinnert –, vielleicht ist sie Geigerin geworden, vielleicht ist sie eine glückliche Frau geworden oder eine unglückliche, oder beides. Vielleicht ist sie nach Madagaskar ausgewandert – wo liegt das? – und muß dort zum Zahnarzt – und der Zahnarzt hat schweizerische Abstammung, und in seinem Wartezimmer liegt die Illustrierte, und sie liest jetzt diese Zeilen. Sollte es so sein, dann melde dich doch bitte, Mädchen mit der Zitrone, und sag mir, wie es dir geht.

Die Geschichte vom »Ich weiß es nicht«

Man sitzt in einer Runde, irgendwo und zufällig, und plötzlich fehlt einer. Es geht in der Runde um das, um was es in Runden immer wieder geht, um das »Weißt du noch?« Und dann: »Hast du je noch etwas von Haberthür gehört?« Und alle erinnern sich an Haberthür und waren irgendwie mit ihm befreundet – ich auch, Haberthür war mein Freund – mein Freund, ohne daß ich viel mit ihm zu tun gehabt hätte. Und dann beginnt das Erzählen, Saufereien und Gewalttätigkeiten und üble Streiche – aber alle wollten mit ihm befreundet gewesen sein. Ich kenne seine großen und lauten Auftritte nur vom Hörensagen, aber mein Stolz auf seine Freundschaft hatte halt vielleicht doch auch mit seinen gewaltigen Auftritten zu tun. Gegen mich hatte er nichts, aber ich versuchte trotzdem, ihm nicht zu mißfallen, und er war eine Figur, und er wird vermißt. Und sein Name, den er sich selbst zugelegt hatte, wie einige andere Namen auch, war nicht sein Name. Zwar klagen hier alle über die Abnahme ihres Namengedächtnisses, aber Haberthürs viele Namen können alle noch aufzählen – eine Legende also, und die Namen der Legenden unterliegen nicht dem leichten Gedächtnisverlust.

Wäre Haberthür Politiker geworden, man hätte von Charisma gesprochen – er hatte bei allem Lauten und Groben auch Charme – jenen weichen Kern, der fast allen Grobianen zugesprochen wird.

Im übrigen, es ist auch etwas geworden aus ihm, ein erfolgreicher Berufsmann, der ein gutes Einkommen hatte und sich was leisten konnte. Er blieb ledig und ein Einzelgänger, und er machte große Reisen, China, Indien, Australien, Südamerika – und wenn er erzählte von seinen Reisen, dann fluchte er über China, Indien, Australien und Südamerika – er konnte nur fluchend erzählen. Er war ein Leben lang damit beschäftigt, seinen weichen Kern einzupanzern.

Als ich ihn kennenlernte, war er noch ein Jugendlicher in einem Kinderheim, und ich, nicht viel älter als er, hatte für kurze Zeit dort eine Stellver-

tretung. Irgendwie mochten wir uns, Fritz Haberthür und ich, und er galt als schwierig – dabei war
er nur trotzig, und das mit Recht, er war, so schien
mir, ohne Gründe ins Heim gekommen. Die
Gründe lagen eher bei denen, die ihn schickten,
als bei ihm – aber schwierig war er schon.
Bei den ersten Malen erschrak ich noch, als die
Kinder aufgeregt kamen und schon von weitem
schrien: »Der Fritz ist weg!« Ich setzte mich auf
mein Fahrrad, fuhr in irgendeine Richtung, nie in
dieselbe und zu meiner Überraschung immer in
die richtige, und ich fand ihn. Darauf war ich
nach und nach stolz, und das »Der Fritz ist weg«
wurde mir zur Gewohnheit, ich gewöhnte mich
an sein Flüchten. Ich fand ihn, und wir fanden
uns dabei.
An eine Begegnung mit dem flüchtenden Fritz erinnere ich mich ganz besonders. Für einmal fand
ich ihn nicht und fuhr langsam zurück. Bei einem
Kornfeld machte ich eine Pause und setzte mich
an den Straßenrand. Und jetzt eine Stimme: »Ja,
ja – da bin ich.« Er saß im Kornfeld und hatte sich
dort mit seinem Rucksäcklein und seinen Sachen

schon recht gemütlich eingerichtet, und ich war nun sein Gast und saß neben ihm, und wir sprachen kaum etwas und gehörten irgendwie zusammen. »Warum bist du wieder abgehauen?« – »Ich weiß es nicht.« – »Wohin wolltest du?« – »Ich weiß es nicht.« Und Schweigen und Zusammensitzen. Und als ich dann nach langer Zeit sagte: »Gehen wir«, sagte er: »Warum muß ich jetzt wieder mitkommen?« – »Ich weiß es nicht.« – »Ich mußte einfach weg«, sagte er. »Du mußt jetzt einfach zurück«, sagte ich. Zwei Hilflose ohne Argumente. Zwei, die wußten, daß man es nicht wissen kann. Zurück bleibt mein kindlicher Stolz, daß ich ihn immer gefunden habe. Wir sind wirkliche Freunde geworden. Wir freuen uns, wenn wir uns zufällig treffen – und wir haben noch nie darüber geredet. Vielleicht haben wir uns auch gegenseitig vergessen.

Kürzlich aber hat wieder einmal einer in der Runde gesagt: »Was ist denn aus dem Haberthür geworden?« Und sie erzählten Geschichten: Der laute, der lustige, der freche, der starke Haberthür – und auch der beruflich erfolgreiche. Ich konnte meine

Geschichte nicht erzählen, die Geschichte, daß wir nebeneinander geschwiegen haben, die Geschichte vom »Ich weiß es nicht«, die Geschichte vom stillen Haberthür, der Sorge trug zu seinem weichen Kern und ihn einzupanzern wußte, weil er fürchtete, die Welt könnte ihm in die Quere kommen – die Geschichte von meinem Freund.

Das Leben erzählen

Wenn er anfängt zu erzählen, dann verlassen die Leute nach und nach den Tisch oder wenden sich ab und sprechen über etwas anderes, und meistens bin ich es dann, der das Pech hat, ihm zuhören zu müssen. Jemand muß ihm schließlich zuhören, und er ist ein freundlicher Mann und ein ruhiger und ein bedächtiger, und er schimpft über nichts und über niemanden. Er erzählt ganz langsam und gemütlich, als hätte er es von seinem Großvater auf der Ofenbank gelernt. Er erzählt, wie sie Äpfel geklaut haben beim Nachbarn und wo dessen Haus gestanden und wie er geheißen habe – »Nein, so hat er nicht geheißen, der Baumann war der auf der anderen Seite« –, und am Schluß der Erzählung war es dann doch nichts anderes, als daß sie Äpfel geklaut haben. Nicht einmal erwischt wurden sie, nicht einmal bestraft wurden sie.

Er ist ein fürchterlich ehrlicher Erzähler und ein grauenhafter Langweiler. Ich halte es kaum aus, ihm zuzuhören. Und wenn er endlich zum Schluß kommt, dann geht es gleich weiter: »Zwei Jahre später – also nicht genau zwei Jahre, sondern im April – wollten wir dann mit den Velos über den Gotthard – also der eine war nicht ganz ein Jahr älter als ich – nein, der, der im November Geburtstag hatte, war sein Bruder, der Paul – und wer hatte schon Geld damals und ...«

Ich bezahle mein Bier, verabschiede mich – eine ganz dringende Verabredung.

Er ist nicht auszuhalten, ein fürchterlich schlechter Erzähler. Aber ein lieber Mensch, ein ehemaliger Beamter, seit Jahren pensioniert. Er lebt schon lange in dieser Stadt und paßt immer noch nicht in sie, und seine bäuerische Herkunft ist zum Schluß das einzige, was ihm geblieben ist.

Passiert ist in seinem Leben fast nichts als eben dasselbe, was den anderen passiert ist: Apfelklauen und Radfahren und Fußballspielen und ein bißchen Armut und ein bißchen Glück mit dem Lehrmeister und ein bißchen Pech mit den Kindern, und immer von allem nur ein bißchen. Er war als Beamter auch nur ein bißchen autoritär, und er war auch sogar ein bißchen beliebt.

Ich schäme mich jedesmal, wenn es mir nicht gelingt, dem Langweiler zuzuhören. Es gelingt mir nie. Er hat doch auch – jetzt, da er bald achtzig ist – ein Recht darauf, eine Biographie zu haben, ein Recht darauf, ein Leben gelebt zu haben, auch wenn fast gar nichts Spektakuläres in ihm passiert ist. Er hat doch gelebt, als wir alle noch nicht lebten – und das ist doch auch etwas. Und wenn es auch heute noch Äpfel gibt, es waren eben doch ganz andere Äpfel damals. Sie erinnern an den kleinen Bub von 1920, kurz nach dem Ersten Weltkrieg, damals, als wir alle noch nicht lebten. Ja, er hat wirklich fast nichts zu erzählen. Aber ein Recht auf ein Leben, auf ein ganzes gelebtes Leben hat er doch. Das wäre doch eigentlich schön, wenn wir fähig wären, uns gegenseitig erzählte Langeweile abzuhören.

Ich zum Beispiel würde dann folgende Geschichte erzählen: »Das muß etwa 1937 gewesen sein, ich war zwei-, dreijährig, da bin ich mit meiner Mutter in Luzern in die Stadt gegangen, und an der Ecke eines großen Hauses – ich weiß heute noch, wo – hat meine Mutter eine Frau getroffen und hat lange mit ihr gesprochen. Sie trug ein weißes Kleid und hatte einen weißen Pudel, und ich habe mich über sie geärgert, weil ich nicht wollte, daß die Mutter mit ihr spricht, und ich zog sie die ganze Zeit am Rock und habe getobt. Und da stand auch ein Buchsbaum, und ich habe Blättchen vom Baum gerissen und sie über meine Finger gestülpt.«

Das ist die Geschichte, eine langweilige Geschichte ohne jede Pointe, ohne Spannung. Sie ist überhaupt nicht erzählenswert. Aber ich hätte sie schon lange einmal erzählen wollen. Nun habe ich es getan. Nun habe ich Sie, liebe Leserin, betrogen, gelangweilt und ausgenützt.

Aber es mußte einmal sein, denn es ist die erste Geschichte meines Lebens, die erste, an die ich mich erinnere. Ich bin damals – so scheint mir – bei diesem Buchsbaum zu meinem Leben erwacht. Seit jener Geschichte bin ich eine Person, und wenn ich geschrieben hätte »die Blättchen über meine Fingerchen gestülpt«, dann hätte ich gelogen. Nein, es waren richtige Finger, dieselben, die ich heute noch habe, und es war ein richtiger Ärger, derselbe, den ich heute noch habe, und ich war ein richtiger Begleiter meiner Mutter. Und ich habe das Gefühl, daß ich damals genau derselbe war, der ich heute noch bin, und daß sich die Ärgergefühle in meinem Bauch überhaupt nicht verändert haben. Dies ist meine wichtigste Geschichte, weil es die erste meines Lebens ist.

Aber man kann sie nicht erzählen, denn sie ist langweilig. Sie ist mir eingefallen, weil ich eine Enkelin aufwachsen sehe und aufwachen sehe und sehe, wie sie ihre Finger entdeckt und Welt entdeckt. Und das ist sehr spannend, vor allem für sie. Leben entdecken – das eigentlich ist Leben.

Eigenartig, daß man genau das nicht erzählen kann und daß sich jeder, der es versucht, lächerlich macht.

An einem heißen Sommertag

Warum eigentlich sind wir gekommen, wir neun, ich kenne nur zwei davon; den einen habe ich schon jahrelang nicht mehr gesehen, den zweiten kenne ich nur flüchtig. Nun stehn wir da auf der Wiese in einer Reihe, wir sind zu wenige für einen Halbkreis, etwas verlegen, unter wenigen gibt es kein Versteck, kein Ich-bin-zufällig-hier, wir werden, ohne zu wollen, zur Sekte, zu Verschworenen. Vor uns im Gras die Urne, viel zu weit vor uns, eine einsame Urne, dahinter die Pfarrerin und ein Mann in Anzug und Krawatte, der Gemeindepräsident dieser größeren Vorortsgemeinde.

Das ist lange her, es war Sommer, ein heißer Tag, ein heißer Tag wie heute, eben ein Tag, der fast nichts anderes ist als heiß, und dieser Tag erinnert mich an jenen anderen und gleichen vor Jahren.

Tags zuvor haben sie mir in der Beiz gesagt, daß morgen der Longman beerdigt werde und ob ich auch komme. Sie kamen alle nicht. Und unter uns neun gab es keinen einzigen Trauernden. Wir sind nur gekommen, um ihn wenigstens hier nicht allein zu lassen. Nun steht er da, der Longman, zwei Meter groß und kräftig, ein paar Meter vor uns, allein, immer noch allein, in seiner kleinen Urne im Gras. Ein Unfall beim Heuen. Der Longman, ich weiß nicht, wie er geheißen hat, ich wußte das nie. Der Name muß ja bei seiner Beerdigung erwähnt worden sein, aber er wollte nicht zu ihm passen. Man sprach ihn auch immer mit Longman an: Du, Longman. Nicht nur seine Größe erinnerte an einen Baum, auch seine Hände, seine Füße, sein Gesicht – ein Waldgeist, und wer ihn nicht kannte, der konnte sich vor ihm fürchten. Und er hatte eine Eigenschaft, die auch die schönsten Waldtiere haben, der Fuchs, der Dachs – er stank, er stank fürchterlich. Das gehörte zu ihm wie ein Markenzeichen.

Im übrigen aber benahm er sich in der Beiz wie ein Herr, wie ein Großbauer, saß am Tisch, das eine lange Bein über das andere geschlagen, und las die Zeitung frei in der Luft haltend, mit der Eleganz eines englischen Lords. Das fiel auf, denn Lesen war in dieser Beiz nicht üblich. Und er war wirklich belesen, er wußte alles, die Namen sämtlicher Hauptstädte, die Namen sämtlicher Ministerpräsidenten, sämtlicher Schlachten und Kriege, sämtlicher Flugzeuge, Autos, Traktoren. Und wenn er sprach, dann sprach er wie ein Schullehrer des 19. Jahrhunderts. Seine Rede war immer belehrend.

Mich mochte er nicht. Dafür hatte ich Verständnis. Er wußte von meinem Beruf und zweifelte mit Recht an meinem Wissen. Vielleicht hatte ich auch mal während seiner Rede gelächelt – wie auch immer, ich jedenfalls mochte ihn, und ich bewunderte ihn für sein Leben und seine Haltung. Die Leute, die ihn nur vom Sehen kannten, mögen ihn wohl für einen Landstreicher gehalten haben. Das war er nicht, er war arbeitsam, er arbeitete gern, und am liebsten hart. Einmal hatte er sogar einen Auftrag der Armee, Lederriemen oder so etwas, eine unheimliche Menge. Über die Armee wusste er auch alles. Und bei alldem war er allein – nicht etwa durch seinen Gestank, sondern vielmehr durch sein Wissen und die gnadenlose Hartnäckigkeit seiner selbstgebastelten gutbürgerlichen Philosophie.

Und dann kam die Liebe, Longman verliebte sich. Und weil er ein Mann war, ein Mann mit Prinzipien, heiratete er. Und er wohnte mit der Frau in einem Zelt im Wald. Es wurde übrigens auch erzählt, die Frau habe Geld geerbt. Man wolle seine Ehe ungültig erklären, erzählte er. Es endete jedenfalls so, daß man die Frau in ein Heim steckte und ihm verbot, sie zu besuchen. Der Longman war sehr traurig.

Er zog in eine andere Gemeinde, eben in jene, auf deren Friedhof wir nun standen, war jetzt zum Teil armengenössig, arbeitete noch als Taglöhner ab und zu und ...

Da standen wir nun und die Pfarrerin begann mit ihrer Predigt, die mich tief beeindruckt hat, eine Predigt, wie sie sie wohl auch für einen Regierungsrat gehalten hätte, dann ein Gebet, das Unser Vater, von neun Leuten halb mitgemurmelt, und der Gemeindepräsident hielt eine Rede auf den Fremden, der für die Gemeinde ja auch eine Last war, Lebenslauf und freundliche Bemerkungen zu seiner Person.

Keine andere Beerdigung hat mich mehr beeindruckt. Eine Beerdigung ohne Trauernde. Neun Leute, die nur gekommen sind, um ihn nicht allein zu lassen und um sich irgendwie zu verabschieden. Zu verabschieden von irgendeinem Baum, von irgendeinem Menschen, nicht mehr und auch nicht weniger.

Mein alter Freund

Kürzlich habe ich nach langen Jahren wieder meinen alten Freund W. getroffen. Meinen alten Freund? Ja, so haben wir uns schon damals angesprochen, und so haben wir wohl auch voneinander erzählt – mein alter Freund. Wir hatten zusammen wunderbare Zeiten in Berlin. Wir hatten große literarische Pläne, über die wir stundenlang diskutieren und blödeln konnten. Es fiel uns viel Unsinn ein, wir heckten Streiche aus, die wir eigentlich nie ausführten. Wir lebten in unseren Köpfen. Wir hatten ähnliche Ideen, ähnliche Ansichten, über die wir uns streiten konnten. Vom Alter her und auch von seiner Reputation war er schon ein wenig eine Respektsperson für mich, schon etwas älter als ich, er wußte schon noch von anderen Zeiten zu erzählen. Aber wir gehörten derselben Generation an. Und ich war stolz darauf, vom Älteren akzeptiert zu werden.

Mein alter Freund! Jetzt ist er es wirklich. Er erkundigt sich leise und fast ohne Anteilnahme nach gemeinsamen Freunden von damals. Er ist still geworden, ohne Feuer. Ich bin fast ein bißchen beleidigt, daß er mich nicht überschwenglich begrüßt und daß man ihn – den alten Herrn – nicht mehr überschwenglich begrüßen kann. Irgendwie ist er plötzlich aus unserer Zeit gefallen. Nicht, daß er älter geworden ist, erschreckt mich, sondern daß er alt geworden ist, alt und müde.

Und man beginnt zu rechnen. Wie alt war er damals? Wieviel älter als ich ist er? Die Frage, die man sich etwa stellt, wenn man an ehemalige Lehrer denkt, die damals alte Respektspersonen waren – alt und erwachsen und altmodisch –, und man stellt fest, daß man inzwischen viel älter ist, als jene Lehrer es damals waren.

Irgendwie nützt alles Rechnen nichts. Man kriegt es irgendwie nicht in den Kopf. Man kann es drehen, wie man will, es ist kein arithmetisches Problem. Es ist mit Zahlen nicht zu lösen. Vielleicht weil es wohl so etwas gibt wie eine Magie der Zahlen, die mit Zusammenzählen allein wohl nichts zu tun hat.

Wie alt war er damals, 1964? Wie alt war ich damals? Und wann würde ich so alt sein, wie er jetzt ist?

Und ich erschrecke. Ich würde im Jahre 2008 so alt sein. Nein, lange dauert das nicht mehr bis zur Jahrhundertwende oder Jahrtausendwende. Und ich werde irgendwann hinter dieser »Wende« irgendwie so sein wie er – in einer anderen Zeit, einem anderen Jahrhundert, in einem Jahrhundert, das wir uns immer utopisch vorgestellt haben, d.h., wir wollten es uns nie vorstellen. »Die Schweiz im Jahre 2000?« Das war ein Thema, das uns immer wieder zur Scherzfrage verkommen ist – ein Aufsatzthema für phantasielose Lehrer.

Und ich erinnere mich, wie wir als Schüler uns dieses Jahr 2000 begeistert vorgestellt haben: der ganze Himmel voller Flugzeuge und Raketen, die Straßen voller Autos und Bahnen, Hochbahnen und U-Bahnen. Eine Zeit mit totaler Technik, mit totalem Wachstum, mit Lärm und Großstadt, und die Vision war uns eine Freude, eine glückhafte Utopie ohne jeden Schrecken, ein großer Rummelplatz, so hatten wir uns das vorgestellt.

Und ganz im geheimen wußten wir als Kinder,

daß es dieses Jahr 2000 nie geben wird, nie geben kann.

Jetzt kommt es plötzlich doch auf uns zu, dieses magische Jahr 2000, dieses dritte Jahrtausend – als hätten wir je im zweiten Jahrtausend gelebt. Und die Utopie »Die Welt im Jahre 2000« ist bereits keine mehr.

Vielleicht belasten uns alle im Augenblick möglichen Veränderungen deshalb doppelt schwer, weil sie in einer Zeit wirksam werden sollen – EWR und Europa zum Beispiel –, die in unseren Köpfen noch gar nicht existiert.

Ich jedenfalls werde so alt sein wie mein alter Freund, in einer Zeit, die es gar nicht gibt. Ob das wohl für ihn heute auch so ist?

Die Wirklichkeit als Erinnerung

André R. arbeitet jetzt hier in New York in einem
spanischen Restaurant als Kellner. Ich habe ihn
schon einige Male gesehen. Er ist immer noch derselbe, diese eigenartige Mischung von Freundlichkeit und Arroganz, von Noblesse und Fahrlässig-
keit. Die Rolle des Kellners steht ihm gut. In
seinem Leben damals in der Schweiz war er nie ein
Kellner – er ist vor Jahren gestorben, und hier in
New York erinnere ich mich an ihn, immer wieder. Und ich sehe ihn auch – den Kellner im spanischen Restaurant.

Einen anderen Freund, der gestorben ist, habe ich
hier auch wieder getroffen, in jeder Faser seines
Charakters derselbe, ein Sarkast und Zyniker, der
nicht das geringste Interesse zeigt, sich selbst ernst
zu nehmen, er ist witzig und lustig und gebildet,
und er trinkt zu viel. Ich bin froh darüber, daß
mein Englisch zu langsam ist, um auf seine schnelle Witzigkeit zu reagieren. Ich würde ihm sonst
wohl von jenem anderen erzählen und ihn dabei

genau beobachten. Und vielleicht würde ich Recherchen anstellen und nach und nach daran glauben und verrückt werden.

Es ist diese eigenartige Stadt New York, die erinnert. Sie erinnert mich an Bubenträume von Amerika. Sie erinnert mich aber auch an meinen Großvater, der nie in einer Großstadt lebte, nie in Amerika war – der New York wohl nicht geliebt hätte –, aber New York erinnert mich an jenes 19. Jahrhundert, aus dem mein Großvater kam: die alten Häuser, die kleinen Läden, der Krämer, der Schuhmacher, der Uhrmacher – Nostalgie, gefährliche Nostalgie, die der Brutalität dieser Stadt in nichts entspricht.

Daß man New York liebt, das ist für viele, die es tun, immer wieder selbst eine Überraschung, und so ganz wohl ist es niemandem dabei – aber die Sehnsucht New York bleibt, und viele Literaten frönen dieser Sehnsucht. Vielleicht ist es das: New York erinnert.

Literatur erinnert auch. Literatur erinnert an Menschen, an Menschliches, das ist der Grund, weshalb wir Bücher lesen. Leidenschaftliche Leser sind Leute, die dauernd an sich selbst und an die Ihren erinnert werden möchten.

Diese Stadt tut das auch, sie tut es für Touristen und Besucher, für die staunenden Wanderer, die das, was für die wirklichen New Yorker harte Realität sein kann, als Bilder und Bildchen erleben – die Wirklichkeit als Erinnerung erleben.

Ob das nur für Gäste so ist oder ob nicht vielleicht auch Amerikaner und New Yorker ab und zu dieser gefährlichen Droge Erinnerung verfallen – ich weiß es nicht, und nachfragen würde wohl zu nichts führen, aber ich denke doch daran, wenn ich täglich Berichte höre und lese über den Prozeß gegen den Mafiaboß Gotti. Sein Stellvertreter Gravano hat gegen ihn ausgesagt, die wunderschönsten Mordkomplotte, Mordgeschichten und Räubergeschichten erzählt, die zwar grauenhafte und schreckliche Realität sind, Elend, Terror und bösartige Macht – und die dann, wenn man sie in der Zeitung liest, nicht an Realität erinnern, sondern an Kino, an die Filme aus der Traumfabrik. Und wenn ich das lese, dann erlebe ich es nur als Erinnerung an jene Träume – die Wirklichkeit wird zur Nachahmung der Erfindung, und die Literatur wird gefährlich und die Erinnerung besänftigt.

Gegenwärtig sind hier die Primaries: die Kandidatenauslese für die Präsidentschaftswahlen, und die Kommentatoren bemühen sich festzustellen, daß diesmal alles ganz anders sei – andere Themen, eine andere, völlig veränderte Welt. Und das stimmt, das müßte doch eine andere Welt sein – soviel hat sich verändert.

Ich habe seit 1972 zufällig alle Primaries hier erlebt, und ich kann beim besten Willen nicht feststellen, daß diesmal etwas anders wäre als die letzten Male, selbst die Themen sind dieselben und die Kandidaten sind dieselben – nur mit teilweise anderen Namen.

Der Zwang, nachahmen zu müssen, ist offensichtlich stärker als jede Geschichte, und so erscheinen mir auch diese Vorwahlen – in einer »ganz neuen Welt« – wie ein Theaterstück, das ich schon mehrmals gesehen habe.

Auch in diesem Sinne erinnert mich Amerika – an die Schweiz zum Beispiel.

Der sterbende Advokat

Er ist krank, und ich mache mir Sorgen. Er ist alt, seine Haut ist gelb. Ich rede mit ihm, aber er sagt kein Wort. Das war zwar schon immer so, er redete kaum ein Wort. Ich sitze neben ihm, mir geht es gut. Wir leben schon lange zusammen. Damals, vor über 40 Jahren, waren wir beide noch jung, jetzt sind wir älter, und ich brauche mehr und mehr Eselsbrücken, um die Bezeichnung von fremden Dingen – denn er ist fremd und nicht aus der Gegend – zu finden. Ich denke an Advokat, wenn ich seinen Namen suche, er heißt Avocado, ist ein Strauch oder ein Bäumchen, vor vielen Jahren, nur um zu sehen, ob es geht, aus einem Fruchtstein gezogen, größer und größer geworden. Er steht vor meinem Fenster zum Garten. Wohl kaum jemanden sonst in meinem Leben habe ich so dauernd und so oft gesehen wie ihn, jedenfalls im Sommer, denn im Winter steht er im Haus in einer kühlen Ecke und wartet, etwas kränkelnd, auf den nächsten Sommer. Dann wird er runtergeschnitten und wächst wieder zum Baum.

Im Winter rein, im Sommer raus. Er gehört zu den Dingen, die einen das Jahr als viel zu kurz erscheinen lassen. Wie die Zeit vergeht, schon wieder rein, schon wieder raus, schon wieder Ostern, schon wieder Geburtstag, schon wieder Neujahr. Und ich sitze neben ihm, seine Blätter sind gelb und wollen nicht grün werden, er weigert sich, zu wachsen, und stellt sich tot, um mich zu ärgern. Und ich kriege ein schlechtes Gewissen und er hat recht. Er stellt sich tot, um endlich wahrgenommen zu werden, um mich dazu zu zwingen, wahrzunehmen, denn in all den Jahren war ich eigentlich nur stolz auf ihn, stolz auf das Staunen meiner Gäste: »Einen so großen haben wir noch nie gesehen!«

Soll er denn wirklich nur wieder groß werden, damit meine Gäste staunen oder damit ich meine Gäste noch und noch zum Staunen zwingen kann. Er hat genug davon. Ich beginne ihm zuzureden, aber er weigert sich, mir zuzuhören – zu spät.

In all den Sommern zuvor ist er über zwei Meter

gewachsen. Dort, wo er herkommt, wird er über fünfzehn Meter hoch, und ich habe ihn in Gefangenschaft im großen Topf klein gehalten. Jetzt ist er endlich klein und macht nicht mehr mit. Und ich erinnere mich an Rolf, der nach ein paar Gläsern unter Tränen erzählte, daß sein uralter Rosmarin den Winter nicht überstanden habe, und als einer vorschlug, einen neuen zu kaufen, die wüchsen schnell, wütend das Lokal verließ.

Nein, bitte keine Vorschläge zur Heilung meines Avocados oder gar zu seiner Ersetzung. Ich werde ihn vergessen, und er hat mich wohl schon längst vergessen, und ich werde später erzählen, daß ich mal einen Avocado hatte, drei bis vier Meter hoch. Vorläufig aber sitze ich neben ihm, dem kleinen Gelbgrünen, der nicht dunkelgrün werden will, und schaue in meinen kleinen Garten, in dem wächst, was wachsen will, und in dem ich täglich hin und her gehe und zuschaue, wie es wächst – wie irgend etwas wächst, durch meinen Garten gehe wie die Bauern sonntags den Äckern entlang, die Hände auf dem Rücken und stolz auf ihren Besitz. Der Farn steht schön. Er tut jeden Frühling so, als käme er nie mehr, und entrollt sich dann zögernd zu seiner Größe.

Natur zu beschreiben ist hoffnungslos. Über Menschen wollte ich schreiben, über Menschen, die ich verloren habe. Auch über sie gibt es nicht viel mehr zu sagen, als daß ich sie vermisse.

Für meinen Avocado und mich habe ich ein Windspiel gekauft, Bambusrohre, die an Orgelpfeifen erinnern, dunkle tiefe Töne in einer fremden Tonart. Vielleicht erinnern sie meinen sterbenden Strauch an jene Gegend, aus der die Frucht stammte, aus der er geboren wurde. Vielleicht erinnert ihn der hölzerne Ton an Bäume und Wälder und daran, daß er selbst ein Baum hätte werden können. Und ich sitze hier und warte auf Wind, ich wage nicht, das Windspiel mit der Hand zum Klingen zu bringen. Nur der Windhauch kann das. Es dunkelt. Die Blätter des Avocados wechseln nach und nach zur dunkelgrünen Farbe, die er haben sollte – der Trost der Nacht. Der Lärm der Autos auf der Straße, an der mein Garten liegt, und ein kleiner Windhauch, mein Windspiel bewegt sich leicht, und endlich ein leiser Ton und ein zweiter und Stille. Ich höre die Autos nicht mehr. Eigenartig, daß das Leise das Laute übertönen kann. Und der dunkelgrüne Strauch versinkt in der Nacht.

Dem Otto kommen
die Geschichten abhanden

Otto ist ein gern gesehener Gast. Man freut sich am Stammtisch, wenn er kommt. Er ist witzig und schlagfertig und ein guter Erzähler. Otto ist fünfundneunzig und weiß viel zu erzählen:
»Da saßen wir also unten im ›Schwyzerhüsli‹ bei der Bertha – die kennt ihr doch.« – »Nein«, sagen wir, und er sagt, daß doch alle in der Stadt die Bertha gekannt hätten, ein Original sei sie gewesen, ein richtiges Original, und wir fragen, wann das denn gewesen sei. »Ach, das Schwyzerhüsli ist erst in den Vierzigerjahren zugegangen«, sagt Otto, und einer sagt: »Da habe ich noch nicht gelebt, ich bin erst sechzig.« Und Otto schaut mich an, den Zweitältesten in der Runde – Hilfe suchend –, und ich sage, daß ich 1935 geboren sei.
»Ach erzähl doch deine Geschichte«, bitten wir. Er aber zuckt mit den Schultern und sagt: »Nein, schade, man kann diese Geschichte nicht erzählen, wenn niemand die Bertha Meister gekannt

hat, sie war eine großartige Frau, sie war eine Legende«, und er schweigt für die restliche Zeit und schaut in die Ferne.

Und wir kommen uns irgendwie schuldig vor, wie wenn es unsere Schuld wäre, daß wir für seine Geschichte zu jung sind.

Dem Otto kommen die Geschichten abhanden, nicht etwa, weil er ein schlechtes Gedächtnis hätte, sondern weil sie nicht mehr erzählbar sind. Es gibt jene Geschichten, die mit »Weißt du noch« beginnen.

Die Weißt-du-noch-Geschichten sind Geschichten des Alters, auch wenn sie von einer Vierjährigen erzählt werden. Es sind Geschichten der langen gemeinsam verbrachten Zeit. Geschichten, die der Zuhörer eigentlich schon kennt – gemeinsame Geschichten.

Otto aber ist ein Überlebender, er ist der Letzte, der die Bertha noch gekannt hat. Er kann das Weißt-du-noch mit niemandem mehr teilen, und wenn er sagt: »Die Bertha war doch eine Legende«, dann klingt das wie ein Hilferuf.

Ja, es gibt Legenden, die überleben und selbst uns

überleben werden, die Titanic zum Beispiel oder Marilyn Monroe, aber sie sind selten geworden, und man kann sich nicht einmal mehr darauf verlassen, daß der andere Hänsel und Gretel kennt oder das Dornröschen. Vielleicht verlieren wir nicht nur die gemeinsamen Geschichten, sondern die Gemeinsamkeit schlechthin.

Dann also zum Trost hier doch noch eine gemeinsame Geschichte:

»Mit Aarberg passieren wir heuer ein Städtchen, das noch vor dem Zusammenschluß der Eidgenossenschaft gegründet worden war. 1477 zerstörte ein Brand große Teile der Stadt, worauf sie praktisch von Grund auf neu aufgebaut wurde. Ende des sechzehnten Jahrhunderts besetzten außerdem französische Truppen die Stadt. Nun können sich die Fahrer ein Bild dieses historischen Städtchens machen.«

Das ist eine Sportinformation aus dem Live-Tikker im Internet, die nichts anderes mitteilt, als daß das Feld der Tour de Suisse eben durch Aarberg fährt.

Etwa so ausschweifend hätte auch Otto seine Geschichte über die Bertha Meister erzählt, wenn sie noch erzählbar wäre.

Und weshalb eigentlich lese ich anderntags alle Berichte in den Zeitungen über das Fußballspiel, das ich doch selbst am Fernsehen gesehen habe. Wohl weil Sportanlässe zu unseren letzten wirklich gemeinsamen Geschichten geworden sind. Und gemeinsame Geschichten will man immer wieder erzählen und immer wieder erzählt bekommen. Die Sportjournalisten sind die letzten erzählenden Journalisten. Und bei aller Aktualitätshetze haben sie noch so etwas wie Zeit, noch ein kleines Stück vom Weißt-du-noch. Und man redet von Sportlegenden, und zu solchen werden sie nicht einfach durch ihre Leistungen, sondern durch die Erzählungen darüber – denn eine Legende, das ist eine Geschichte.

Bald beginnt die Tour de France. Ich werde mir wohl ein paar wenige Etappen am Fernsehen anschauen. Die meisten werde ich aber am Live-Ticker im Internet nachlesen – das schnelle Ereignis mit dem langsamen Erzähler genießen. Denn so langsam, wie der Journalist auf das historische

Städtchen aufmerksam machte, so langsam sind sie sicher nicht gefahren, und Geschichten sind nie live, sondern immer ein Es-war-einmal.

Kein Platz für Holdener

Die Tische im Restaurant sind aufgedeckt – Altjahrswoche zwischen Weihnachten und Neujahr –, sie sind die ganze Woche aufgedeckt in Erwartung von Gästen für das große Festmenü. Die Küche ist nachmittags zwar geschlossen, trotzdem: Tischtücher, steifgestärkte Servietten, kunstvoll gefaltet, und Gläser, strahlene Gläser – auch jetzt nachmittags, das Restaurant ist geöffnet, die Küche aber geschlossen und trotzdem kein Platz für Leute, die nur mal kurz etwas trinken wollen, kein Platz für Holdener, der hier einmal saß vor vielen Jahren, tagtäglich hier saß, stundenlang vor demselben Kaffee, demselben Bier, nicht um zu trinken, nur um hier zu sein. Das Restaurant war damals eine Kneipe, eine voll besetzte Kneipe, ab und zu etwas laut, Holdener aber war leise, er redete nicht gern, und wenn man ihn ins Gespräch ziehen wollte, dann täuschte er Schwerhörigkeit vor, legte die Hand ans Ohr und sagte: »He?« Man trieb seine Späße mit ihm, neckte ihn, und er ließ es geschehn. Nur einmal – die Wirtin hatte ihm ein zweites Bier gespendet, und ein Gast ein drittes – wehrte er sich mit dem Satz, er habe einen Ausweis im Sack, und als er nach unserem langen Drängen endlich den Ausweis umständlich aus seinem Portemonnaie klaubte und uns zeigte, war es ein Mitgliederausweis eines Radfahrervereins irgendwo im Thurgau für das Jahr 1938. »Den kannst du wegschmeißen«, sagte einer, und Holdener sagte entsetzt: »Das darf man nicht, es ist ein Dokument.«

Holdener wohnte in einem kleinen Dachzimmerchen über der Wirtschaft, wurde von der Wirtin liebevoll betreut, gehörte trotzdem nicht zur Familie, sondern eher zum Haus, etwa so wie eine Treppenstufe, wie ein Gegenstand, den man ja mitunter auch liebevoll pflegt.

Und als das Haus brannte, einmal im Winter, und Holdener weinend davorstand, und schlotternd auch, brachte ihn die Feuerwehr ins Spital, damit er ein warmes Bett hätte – dort starb er ohne jeden sichtbaren Grund am anderen Tag. Er hatte als einziger beim Brand alles verloren, nämlich das

Haus, in dem er so etwas wie eine Treppenstufe war.

Das ist schon viele, viele Jahre her, aber wenn ich an dieser Kneipe vorbeigehe, die jetzt wie alle Kneipen ein Restaurant ist, und die steifen Servietten und die glitzernden Gläser sehe, dann denke ich an Holdener, der hier keinen Platz mehr hätte. Mit Holdener hatte ich zwar nichts, gar nichts zu tun, und er mit mir noch viel weniger. Er mochte mich ganz und gar nicht, weil ich jener war, der ihn ab und zu ins Gespräch ziehen wollte. Aber in jenes Restaurant möchte ich nicht gehen, ich möchte nicht mit glitzernden Gläsern an Holdener erinnert werden – wenn er nicht hineindürfte, dann möchte ich nicht hinein – jetzt, in der Altjahrswoche schon gar nicht. Er wußte damals wohl, weshalb es ihn jetzt nicht mehr braucht und seinen Mitgliederausweis von 1938 auch nicht mehr.

An einem Verteilerkasten des Elektrizitätswerkes an der Busstation steht seit Jahren schon mit roter Farbe klein und ungelenk geschrieben: »Türkie is das beten lad.« Auch das erinnert mich an Holdener, auch das ein Dokument, ein Dokument der Not. Und wäre es fehlerfrei geschrieben, es wäre mir nicht aufgefallen. Der kleine Türke, der wohl noch nicht alle Buchstaben kannte, mußte es schreiben. Es mußte sein – ganz klein am unteren Rand –, es steht geschrieben. Und wäre es richtig geschrieben – »Die Türkei ist das beste Land« –, dann wäre es nur eine Behauptung und keine dringende Geschichte.

Ich erlebe es noch und noch und freue mich auch darüber und empfinde es als ausgesprochen rücksichtsvoll und gastfreundlich: Ich bin irgendwo eingeladen, und ich weiß, daß die Gastgeber nicht nur Nichtraucher, sondern auch überzeugte Nichtraucher sind. Also rauche ich vor dem Haus, bevor ich läute, noch eine Zigarette auf Reserve. Und gleich nach der Ankunft kommt der Gastgeber strahlend mit einem Aschenbecher und sagt: »Wir rauchen zwar nicht, aber bei uns darf man rauchen.« Ich finde das rührend und bin auch froh darüber, und sie wissen wohl von meinem Elend mit den fehlenden Aschenbechern in den zwei, drei Kneipen, die es noch gibt. Aber ich rauche hier ungern und noch weniger als möglich, denn ihr liebevoller Aschenbecher ist kein Ersatz für den fehlenden in der Kneipe. Es gibt keine Ersatzheimaten, keine Ersatzgewohnheiten. Denn Heimat ist Gewohnheit, ist wohnen, ist eine Treppenstufe des Hauses sein ...

Und etwas können

Mein guter Freund Stefan hatte eine Fähigkeit, die ich inzwischen bewundere und mit der er mir damals viel geholfen hat, aber damals habe ich sie mitunter auch belächelt. Er hatte die Fähigkeit, Leute zu bewundern, auch wenn sie nur ein bißchen was konnten. Er entdeckte die Talente von Jungfilmern, Jungmalern, Jungdichtern. Ich gebe zu, daß ich da oft Bedenken hatte, wenn ich es auch genoß, unter die Entdeckten zu gehören.

Er selbst ist als Kulturvermittler anerkannt, bekannt und erfolgreich geworden. Aber er lebte, wie wir alle, in einer Kleinstadt, in der man sich gegenseitig kannte und in der schon längst und für alle Zeiten beschlossen war, wer oben ist und wer unten – eine jener vielen Kleinstädte, in der die Obernarren der Narrenzünfte ernsthafte Größen sind. Eine jener Kleinstädte, die heimlich und uneingestanden davon wissen, daß aus Nazareth nichts Gutes kommen kann. Also konnte das, was er wollte, nichts Gutes sein. Inzwischen ist das,

was er auf die Beine stellte, das große Aushänge-
schild der Stadt.

Er selbst stand im Verdacht, ein Aufschneider zu
sein, und man konnte durchaus Spuren davon bei
ihm feststellen. In Wirklichkeit war es etwas anderes: Er ging mit sich selbst so großzügig um wie
mit seinen Entdeckungen, und wenn ihm etwas
gelang und wenn er etwas konnte, dann sprach er
davon.

Dies als lange Einleitung zu einer kleinen Geschichte:

Eine Einladung bei Freunden, Essen und Trinken,
ein gemütlicher Abend, und zu vorgerückter
Stunde sagte der Gastgeber, er hätte sich da was
gekauft, es sei nicht billig gewesen und eigentlich
unnötig und nicht zu gebrauchen, aber er habe es
wochenlang immer wieder im Schaufenster ange-
schaut, und er habe es kaufen müssen. Und er hol-
te ein schwarzes Etui, öffnete es andächtig, und da
lag in rotem Samt eine nigelnagelneue Klarinette.
Ich kann sie nicht spielen und ich will sie nicht
spielen, sagte der Gastgeber, aber sie ist so schön,
ein Kunstobjekt.

Stefan sprang auf, stürzte sich auf das Etui, steckte die Teile zusammen, netzte das Blättchen, setzte es ein und sagte: »Ich war mal Klarinettist in einer Tanzkapelle.« Davon wußten wir alle nun wirklich nichts, und das hätten wir wohl, wäre es so gewesen, wissen müssen.

Stefan blies in das Instrument, entlockte ihm ein paar jämmerliche Töne, und es war uns allen klar, der konnte nicht spielen. Stefan stand verzweifelt da und sagte: »Als Signet haben wir immer den Marinemarsch gespielt – wie geht er, der Marinemarsch. Kennt einer den Marinemarsch?« Und endlich fiel einem die Melodie ein, und er summte drei, vier Töne, und Stefan legte los, und er spielte, er spielte und spielte das ganze Repertoire jener Tanzkapelle, von der wir alle nie gehört hatten. Und er spielte gut, und ich habe ihn nie so glücklich gesehen.

Er konnte etwas.

Etwas können, irgend etwas können, sich irgend einmal irgendwo an ein Klavier setzen und spielen wie Thelonius Monk, nur einmal und nie wieder, und dann genießen, daß alle nichts wußten davon, und sich dann weigern, je wieder zu spielen.

Meine Mutter konnte mit drei Äpfeln jonglieren. Ich verehrte sie dafür, ich hatte eine Mutter, die das konnte. Ich selbst kann es heute noch nicht. Und Handorgel spielen, das kann ich auch nicht. Das möchte ich gern können. Den Handstand kann ich auch nicht. Den vermisse ich allerdings weniger. Aber übers Seil laufen, das wäre etwas, und in meinen Träumen fahre ich eigenartigerweise ab und zu auf dem Einrad.

In eine Kneipe außerhalb von Frankfurt traf ich mal einen Mann, und wir kamen ins Gespräch. Er sei mit dem Fahrrad hier, sagte er. Das war ich auch, und wir gingen raus und bestaunten gegenseitig unsere Fahrräder. Dann sprachen wir ein bißchen über die Tour de France, die eben im Gange war. Und wie ich ihn fragte, was er denn beruflich mache, sagte er, er baue Einräder. Wieviel denn so eines koste, fragte ich. Er verkaufe sie nicht, sagte er.

Wir trafen uns später ab und zu, und erst viel später war er bereit, von seinem Beruf zu erzählen. Er

war Sozialpädagoge und arbeitete mit schwererziehbaren Jugendlichen. Er habe alles versucht,
ohne jeden Erfolg. Jetzt baue er mit seinen Zöglingen nur noch Einräder, und wenn die dann auf
ihren selbstgebauten Einrädern säßen und wirklich fahren könnten, seien sie wie verwandelt.
»Weißt du, das Gleichgewicht«, sagte er.
Ja, etwas können.

Der Sohn, der eine Sehenswürdigkeit war

Eingefallen ist mir die Geschichte wieder, weil kürzlich das Berliner Tagebuch von Frisch herausgekommen ist. Eine Silvesternacht in New York, vor langer Zeit, das Empire State Building war damals noch der höchste Bau der Welt, wir waren erst mal an einer langweiligen Party, und Max Frisch und ich beschlossen, zu Fuß nach Hause zu gehen – ein langer Weg, und es war wunderschön, mit Max durch Städte zu wandern – selbstverständlich mit gelegentlichen Zwischenhalten in einer Bar und beide noch etwas gereizt wegen des misslungenen Abends in der öden Party. Und in der letzten Bar versuchte ein sehr Angetrunkener uns etwas zu erklären oder einfach auf uns einzureden, und Frisch versuchte ihn abzuwimmeln und plötzlich sagte jener: »Ich bin der Sohn des Erbauers des Empire State Buildings.« Frisch wurde hellwach, und er versuchte nun seinerseits den anderen ins Gespräch zu ziehen, aber wesentlich mehr wußte er dazu nicht zu erzählen, als daß er eben der Sohn des Erbauers sei. Immerhin, der Abend war gerettet, wir hatten den Sohn des Architekten getroffen, und wir kehrten zufrieden nach Hause.

Anderntags haben wir dann wenigstens noch im Lexikon den Namen Lamb, so hieß der Mann, gesucht und gefunden – Sheve, Lamb und Harmon hießen die Architekten. Aber so überwältigend wie in der vergangenen Nacht empfanden wir die Begegnung nicht mehr. Irgendwie fällt mir diese Geschichte immer wieder ein, wenn ich Städteführungen sehe oder gar selbst an einer teilnehmen muß. Es ist eigentlich, wo auch immer in der Welt, immer irgendwie dieselbe Stadt, immer die gleiche, das gleiche Rathaus, die gleiche Kirche, das gleiche Mittelalter, die gleichen Jahrzahlen Und was macht man mit diesem Wissen anderntags?

»Remscheid die Röntgenstadt« steht am Bahnhofsschild von Remscheid, und der Mann, der mich dort abholt, sagt als erstes: »Wußten sie, daß Röntgen hier geboren ist?« Und er schlug eine Stadtführung vor und einen Besuch des entsprechenden Museums. Die Röntgenstadt – und der spätere Nobelpreisträger Röntgen war drei Jahre alt, als seine Familie von Remscheid wegzog nach Holland. In Solothurn hat immerhin Napoleon ein Glas Wasser getrunken.

Eigenartig, daß mich der Amerikaner, der mich am Flughafen in New York abholte, nicht darauf aufmerksam machte, daß Edgar Allan Poe hier lebte. Lokalgeschichte gehört in Kleinstädte, denn Antikes ist wertvoll und selten. Die Einheimischen wissen zwar nichts davon. Stadtführungen erleidet man in anderen Kleinstädten.

Wer aber eine Stadt kennenlernen will, der muß sie erwandern und stehenbleiben und staunen, und sie auch erleiden und erdulden.

Jedesmal, wenn ich bei einem Besuch bei Max Frisch in Zürich etwas Abschätziges über die Stadt sagte, sagte er nach einiger Zeit: »Wir gehen spazieren.« Und es war immer wieder derselbe Spaziergang. Und er sprach dabei nicht über Zürich. Der Spaziergang endete auf dem Lindenhof, und da stellte er sich vorn an die Umrandung, stand da wie der Kapitän auf der Brücke, machte eine große Handbewegung über die Stadt, die vor uns lag, und schaute mich dann an – ja, eine wunderschöne Stadt.

Jedesmal, wenn ich nach New York kam, machte ich am zweiten Tag jene Wanderung, die ich damals machte mit Frisch, als er mir die Stadt erklären wollte:

Erst mal frühstücken im Bigelow, damals der letzte Drugstore Manhattans, also jene eigenartige Mischung von Drogerie und Kneipe. Dann mit der U-Bahn nach South Ferry, der untersten Spitze von Manhattan, mit der großen Fähre an der Freiheitsstatue vorbei nach Staten Island und zurück, und der lange Weg zurück zum Ausgangspunkt. Und keine Erklärungen, aber eine echte Stadtführung. Er führte mich auf der richtigen Route durch die Stadt, so wie ein Bergführer seine Leute auf den Gipfel führt, und so wie der Autor Max Frisch mich in seinen Tagebüchern durch das Labyrinth seines und meines Denkens führt.

Und da fällt mir ein, daß ich einmal auf der Straße in Los Angeles den Filmstar James Stewart vorbeigehen sah, aber das ist nicht erzählenswert und nicht einmal erzählbar, eben nicht mehr als eine Sehenswürdigkeit, und für eine solche hielt sich wohl auch der Sohn des Architekten des Empire State Buildings.

Als ich dem Blocher
meiner Mutter entwuchs

Eine Einladung von ehemaligen Schülern zu einer Klassenzusammenkunft. Ich freue mich darauf. Ich hatte eine gute Zeit damals mit meinen Schülern in Lommiswil. Sie waren ältere Kinder, ich ein sehr junger Erwachsener – sie waren 13, ich war 20. Damals war das ein Altersunterschied. Inzwischen sind wir im selben Alter, im Rentenalter. Ich erinnere mich noch an drei, vier Namen, ich erinnere mich noch an Gesichter und Geschichten und suche krampfhaft die Namen dazu – doch, noch ein Name, Bethli Portmann, sie hatte mir Leim auf meinen Stuhl gestrichen, und ich habe mich darüber gefreut, weil die Mädchen mir gegenüber sehr zurückhaltend waren und schüchtern und sich nur sehr passiv am Unterricht beteiligten. Mit dem Leim begann die Kontaktaufnahme. Und das Wort Unterricht will nicht eigentlich zu meiner Erinnerung passen. Wir gingen einfach miteinander zur Schule, und ich ging sehr gern.

Vielleicht war es ganz anders, aber ich erinnere mich so.

Wie wir uns nun treffen, im Restaurant »Lamm« – ich 74, sie 68 –, kenne ich sie gleich alle, und die Namen fallen mir ein, sie sind noch gleich, und das einzige, was sich geändert hat, ist, daß wir jetzt im selben Alter sind. Ich wußte von den meisten nicht, was sie geworden sind – und jetzt sind sie es bereits nicht mehr. Bethli ist nicht gekommen, sie ist vor zwei Jahren gestorben, das tut mir leid, aber davon habe ich so wenig erfahren wie von ihrem ganzen Leben nach der Schulzeit. Und weil ich die »Schüler« jetzt, nach mehr als 50 Jahren, hier wiedertreffe – und dazwischen sozusagen nichts war –, wird die längst vergangene Zeit zu einem Gestern, die Zeit dazwischen ist keine mehr. Ich treffe Kolleginnen und Kollegen, mit denen ich zusammen zur Schule gegangen bin.

Wir sagen uns inzwischen du. Aber ob für sie diese Erinnerung dieselbe ist? Wohl kaum! Und begegne ich eigentlich wirklich ihnen oder begegne ich viel mehr mir selber, mir, dem sehr jungen Lehrer von damals, und versuche mich freundlich an ihn zu erinnern? Begegnet man wirklich sich selbst, wenn man seiner eigenen Jugend begegnet, seiner eigenen Kindheit? Hat man vielleicht nicht irgendwann doch sich selbst verlassen?

Oskar Matzerath, der Erzähler in der »Blechtrommel« von Günter Grass, fällt mir ein. Er wollte als Dreijähriger nicht mehr wachsen, und er beschrieb als kluges Kerlchen aus seiner Position die Welt der Großen – der Gewachsenen.

Ja, daran erinnere ich mich ein bißchen, an das Kleinsein – zum Beispiel jedesmal, wenn ich irgendwo meine Jacke an einen Haken hängte. Als ich den Haken noch nicht erreichte, hatte ich eine spezielle Technik. Ich rollte die Jacke zu einer steifen Wurst und zirkelte den Aufhänger über den Haken, nicht ohne vorher geprüft zu haben, ob ich den Haken bereits wie die Großen erreichen könnte. Jahrelang habe ich täglich darauf gewartet. Und als es endlich erreicht war, war es nichts Besonderes mehr. Die Technik zuvor war etwas Besonderes – jetzt war sie verloren und nutzlos, verloren für immer – die Grenze war überschritten, es gab kein Zurück mehr.

Und an einen schmerzlichen Verlust durch Wachstum erinnere ich mich immer wieder, an den schweren Blocher meiner Mutter, mit dem sie das Parkett in der Stube glänzte. Ich durfte mich darauf setzen, die Beine anziehen und mich am Stiel festhalten, und dann schob sie mich quer durch die Stube hin und her. Der Blocher meiner Mutter, mein wunderbares Karussell mit dem leichten Hauch des fast Verbotenen, des Schabernacks. Wir freuten uns beide darüber und hatten es lustig. Aber von Woche zu Woche wurde das Anziehen der Beine anstrengender, und ich erreichte den Blocher nur noch mit den Fersen. Und eines Tages war es aus, endgültig aus. Ich erinnere mich noch genau daran, wie wir beide versuchten, die Füße doch noch auf den Blocher zu bringen – aus, fertig, nichts zu machen –, ich war zu groß geworden. Darüber war ich sehr traurig und meine Mutter wohl auch ein bißchen – eine weitere Entnabelung sozusagen. Wir gehörten schon wieder ein bißchen weniger zusammen. Eigenartig, je mehr ich mich ihrer Größe näherte, wie weniger gehörten wir zusammen.

Dabei war es mir durchaus recht, größer zu werden. Wachstum war wünschenswert. Aber ein Zurück zum Anfang gibt es nicht.

Und das Neujahr, der erste Januar, ist auch kein Anfang. Auch wenn wir das immer wieder so haben möchten. So kann ich Ihnen nur wünschen, daß Sie das neue Jahr nicht allzu schnell wachsen und ein altes werden lassen.

Krieg an und für sich

Ein Freund kommt mir entgegen, grüßt und geht vorbei, dann dreht er sich um, sagt Hallo, kommt zurück und fragt: »Wie geht es dir.«

Was ich auch immer antworte – »gut«, »so, so«, »ja, doch« –, meine Antwort erschreckt mich jedenfalls immer.

Bei den Englisch-Sprechenden ist die entsprechende Frage eine Grußformel, die man in der Regel einfach mit derselben Frage erwidert. In unserer Gegend fordert die Frage eine echte Antwort. Das bringt mich immer wieder in Verlegenheit, und oft erschreckt mich meine Antwort noch Minuten später. Weshalb habe ich jetzt »gut« gesagt, wo ich doch eben noch traurig war? Weshalb antworte ich »schrecklich«?

Nein, ich habe nichts gegen diese Frage, und es ist mir recht, daß die Frage bei uns ernst genommen wird.

Ich frage also meinen Freund zurück: »Wie geht es dir?« Und er sagt: »Sehr schlecht – mein bester Freund ist gestorben, Krebs.«

Seine Augen werden feucht. Nun sollte ich wieder etwas sagen, aber was? »Tut mir leid, schrecklich, Scheiße.«

Ja, ich kenne sein Leiden. Ich habe das auch schon erlebt, daß der Freund plötzlich weg war.

Ich habe damals wohl auch gesagt, daß es mir schlechtgehe.

Aber ich kenne seinen Freund nicht, habe ihn nie gekannt. Mein eigenes Befinden verändert sich durch seine Trauer nicht. Das finde ich entsetzlich, und es quält mich den ganzen Tag, die Traurigkeit meines Freundes macht mich nicht traurig. Ich habe immerhin nicht nach den Umständen des Todes gefragt – Sterben ist schlimm genug.

Aber ich saß nachher lange in meinem Zimmer, ohne etwas zu tun, und hörte zu jeder vollen Stunde die Nachrichten, von denen ich immer geglaubt hatte, daß sie mich brennend interessieren. Und plötzlich entdeckte ich, daß ich sie so entgegennehme wie die die Mitteilung meines Freundes.

Ich nehme die Nachrichten vom Golf als Wissender entgegen: »Ja, ja, ich kenne das.« »Und das ist eben so – und wir werden alle sterben.«

»Tut mir leid« – ich frage mich, ob meine Anteilnahme, ob meine Traurigkeit über diesen Krieg nicht vielleicht doch auch gespielt ist.

Und dann fällt mir plötzlich dieser international genormte Tonfall der Reporter und Korrespondenten auf: Deutsch mit englischer Schnelligkeit, glatt, gewandt, gescheit – die Kenner, die Connaisseurs –, immer derselbe Tonfall, als gäbe es auf der ganzen Welt nur einen einzigen Kommentator, mit zwar verschiedenen Meinungen. Fast scheint mir – und zu Unrecht –, die amerikanische Zensur ist pressefreundlich. Sie erlaubt den sauberen klaren Kommentar mit Ausblick und Rückblick. Die Zensur macht CNN nicht verlegen – im Gegenteil, sie erlaubt sozusagen ein 24stündiges Gespräch mit Korrespondenten über die Sache an und für sich.

So wie ich mit meinem Freund durchaus über die Sache an und für sich sprechen kann: über den Tod, der uns sicher ist, über Krebs, was grauenhaft ist, über Leben an und für sich, über Freundschaft an und für sich.

Der Golfkrieg unterliegt immer noch der Geheimhaltung, und er wird wohl für immer geheim bleiben. Begründet wird die Geheimhaltung politisch und militärisch und mag deshalb teilweise einsehbar sein.

Ich glaube trotzdem, es geht um etwas anderes, darum nämlich, daß wir alle die Chance haben, über die Sache an und für sich zu diskutieren, über die Aggression der Iraker, über den Krieg, über die Taktik der Amerikaner.

Geschichte hat auch die Aufgabe, die großen Zusammenhänge zu zeigen. Ein Diktator kann noch so schlimm gewesen sein, er verliert in der Geschichte seinen Schrecken.

So wie der Golfkrieg seinen Schrecken bereits verloren hat, weil man von Anfang an versucht hat, ihn uns nicht zu hautnah werden zu lassen. So sitzen wir denn vor dem CNN wie vor einem Geschichtsbuch und hören uns die stoischen, klaren und gescheiten Kommentare an – wie wenn es nicht um aktuelles Geschehen, sondern um eine historische Erinnerung ginge.

Geheimhaltung ist zwar nicht immer Betrug – aber sie hat fast immer Betrug zur Folge. Man betrügt uns um unseren Realitätsbezug. Meine Meinung zum Golfkrieg zum Beispiel kann ich mir nicht selbst bilden, ich bin – leider – auf meine Vor-Urteile angewiesen.

Zum Verwechseln ähnlich

Vor Jahren traf ich irgendwo in Deutschland in der Eisenbahn einen Mann und kam mit ihm ins Gespräch. Er erzählte, daß er Bauingenieur sei und jahrelang in Taiwan für ein amerikanisches Straßenbauprojekt weitab von fast jeder Zivilisation gearbeitet habe. Er sei dort der einzige Nicht-chinese gewesen und er habe sich wohl gefühlt unter seinen Mitarbeitern. Eines Tages nun, nach langer Zeit, seien zwei Autocars angekommen mit Amerikanern, die ihr Projekt anschauen wollten. Er hat sich also vor den Bus gestellt und die Leute empfangen, und diese stellten sich auch vor, aber es war hoffnungslos – er konnte die Leute nicht unterscheiden, sie sahen alle gleich aus. Seine Chinesen waren inzwischen verschieden – die Amerikaner waren aber inzwischen alle gleich. Da habe er sich gesagt, es sei wohl jetzt an der Zeit, zurück-zugehen nach Europa.

Eigenartig, wie schnell die Leute gleich sind aus der Entfernung – und wir dann, wir zu Hause, die einzigen, die sich unterscheiden. Und deshalb empfinden wir die anderen als Rassen und uns als Individuen. Wir sind dann im Unterschied zu den Schwarzen keine Rasse. Was denn? Menschen? Die Schwarzen aber empfinden sich auch nicht als gleich, sie unterscheiden sich so wie wir.

Als ich mal mit meinem älteren erfolgreichen Freund – alle kannten ihn und er war beliebt, und er liebte es auch, beliebt zu sein – über Land spazierte, kamen uns ein paar Leute entgegen. Wir grüßten uns und mein Freund sagte zum einen: »Du bist doch der Sepp.« »Nein«, sagt der, »der Sepp, das ist mein Cousin – ich bin der Paul.« »Und deine Schwester, wie hieß sie nur, die hatte doch mal Tuberkulose und mußte kuren gehen.« »Das war meine Mutter, die war krank, hatte es in der Fabrik aufgelesen. Du meinst meine Schwester, das Martheli, die lebt jetzt in Italien.« »Ja, sie war immer eine muntere Person, strahlend und offen«, sagt nun mein Freund, »ja, ja, das Martheli, laß sie grüßen von mir, und was macht der Hans?« »Der Mann vom Bethli, mein Schwager, dem geht es wieder gut, der hat sich gut erholt.«

Und das Gespräch dauerte, und die Namen wurden wiederholt und die Krankheiten und die Kur auf dem Allerheiligen und die sportlichen Erfolge von Hans.

Und als wir endlich weitergingen, fragte ich den Freund, wer das denn war, und er schaute mich überrascht an und sagte: »Keine Ahnung, die kenne ich doch nicht, noch nie gesehen.«

Die anderen aber haben beim Weitergehen sicher über die Freundlichkeit und Volksnähe meines Freundes gesprochen und über sein großes Gedächtnis und darüber, daß er wirklich alle in der Gegend kenne, und zwar alle mit Namen.

Und ich sagte im Weitergehen zu ihm: »Du hast also geschummelt, du hast betrogen.« »Nein«, sagt er, »ich habe nur mit den Leuten gesprochen, es ist schön, mit Leuten zu sprechen, das macht mir Freude, und sie freut es auch.«

»Und das mit der Tuberkulose hast du also einfach auf gut Glück erfunden.«

»Nein«, sagt er, »ich denke dabei an meine Verwandtschaft, nicht nur die Menschen gleichen sich immer wieder, sondern auch ihre Familiengeschichten. Ich erzähle meine Geschichte, und sie setzen ihre entsprechenden Namen ein. Ich kenne sie jetzt ein bißchen, weil ihre Familiengeschichten den meinen gleichen.«

Vor vielen Jahren schickte mir mal ein Verleger die Druckfahnen zu einem Buch eines jungen Autors und fragte mich an, ob ich bereit wäre, dazu ein Nachwort zu schreiben. Ich tat das gern, denn ich mochte diesen Autor sehr, und ich kannte seine wunderbaren Geschichten von Lesungen. Leider eilte es – so konnte ich die Fahnen nur kurz anlesen, aber die Begeisterung für die Geschichten, die ich bereits kannte, genügte. Der Verleger war begeistert von meinem Nachwort, und der Autor schrieb mir, daß ihn noch nie jemand so sehr verstanden habe. Jahre später traf ich den Autor persönlich, und es war zu meinem Entsetzen ein anderer und nicht der, den ich mit meinem Nachwort meinte. Niemand bemerkte es, aber mein ungutes Gefühl blieb – wohl zu Unrecht, denn die Geschichten dieser Welt gleichen sich, die Menschen gleichen sich.

Die wunderschöne Landschaft Bulgariens

Guido war in Bulgarien. Er ist begeistert, von den Leuten, von der Freundlichkeit, vom Wetter auch und von den Preisen, vom Meer und von der Landschaft – ja, diese Landschaft, diese Landschaft! Guido ist ein guter Fotograf, oder eher ein leidenschaftlicher, er hat also etwa so fotografiert, wie leidenschaftliche Fischer fischen.

Nun zeigt er mir seine Fotos, ein dickes Buch, das er selbst hergestellt hat im Internet – billig und einfach, er nennt den Preis. Ich blättere das Buch durch. Ja, schöne Bilder, sie gefallen mir. Er hat schöne Bilder gemacht in Bulgarien, so wie der Fischer schöne Fische gefangen hat in Schottland. Und eben, er ist begeistert von Bulgarien. Ja, er kenne inzwischen Bulgarien gut, er werde wieder hingehen, ein wunderbares Land.

Ich selbst weiß sehr wenig über Bulgarien und beginne ihn auszufragen. Er weiß nichts von der Politik, von den Leuten, von der Wirtschaft – aber er kennt Bulgarien gut, er hat es gesehen und in seinem Buch ist alles drin – ganz Bulgarien. Aber geschaut hat er eigentlich nur für dieses Buch, für seine Kamera und durch seine Kamera.

Was sieht man eigentlich, wenn man schaut?

Der junge Kuno fällt mir ein, der sich vor vielen Jahren in den Sommerferien aufmachte in die große Welt und mit Autostop nach Marseille ging. Er kam zurück und hatte wenig zu erzählen, aber das eine immer wieder, nämlich, daß er in der Hafengegend von Marseille nichts gesehen hätte von Drogenschmuggel und Waffenhandel, von Kriminalität und Anwerbern der Fremdenlegion, gar nichts davon. »Ich habe gut geschaut und nichts gesehen«, sagte er.

Dabei hat er, wie der Fotograf, gar nicht geschaut. Er hat beobachtet, das ist etwas ganz anderes als schauen. Der Beobachter weiß zum voraus, was er zu sehen hat. Beobachten ist Schauen mit Vorurteil. Sie erinnern sich wohl noch daran. Eines Tages sagte der Lehrer: »Jetzt nehmt ihr euer Notizheft und geht auf den Markt und beobachtet da genau und macht euch Notizen, und in einer Stunde seid ihr wieder zurück.«

Der Lehrer blieb im Schulzimmer, er kam nicht mit. Er wußte, was es zu beobachten gibt auf dem Markt – und die Schüler wußten es eigentlich auch. So wie sie auch zum vornherein wußten, daß sie hinterher einen Aufsatz zu schreiben hätten: »Auf dem Markt.« Den hätten sie allerdings auch schreiben können, ohne die Beobachtungsstunde, denn Schreiben ist etwas anderes als Beobachten, es ist, den Markt, den es schon gibt, noch einmal zu erfinden – über den Markt nachdenken. Der Polizist, der beobachtet, weiß zum voraus, was er zu sehen hätte. Der Fotograf weiß auch zum voraus, was er zu sehen hat – ein Motiv für ein Bild. Und er hält dann seine gesammelten Motive für das reale Bulgarien. Er glaubt, er hätte Bulgarien gesehen.

Und selbstverständlich gibt es in Marseille Kriminelles, Drogenhandel, Waffenhandel. Kuno hat nichts davon gesehen, aber sein Fazit, daß es dort nichts solches gibt, ist wohl so falsch wie das Fazit von Guido, er kenne Bulgarien, er habe es gesehen.

Bilder gab es schon immer – wohl seit es Menschen gibt. Nur waren sie wohl Tausende von Jahren Abbilder, inzwischen sind sie die Realität selbst – und wenn wir schauen in die Realität, sehen wir Bilder, Bilder, die wir längst kennen.

Vorurteile sind Bilder. Jener Asylant mit dem neuen, teuren Mercedes, den wohl niemand je gesehen hat, wird Realität, weil man sich das als Bild vorstellen kann.

Ja, selbstverständlich habe ich einen Fernseher. Ich sitze jetzt auch schreibend an einem Computer – die moderne Welt macht mir keine großen technischen Schwerigkeiten. Nur, es ist eine fremde Welt, ich sitze, wenn ich schreibe, in einer fremden Welt. Das kann auch spannend sein.

Als ich ein Kind war, gab es im Quartier noch Familien, die kein Radio hatten – eine Lehrerfamile zum Beispiel, die die moderne Technik für den Teufel hielt. Mein Vater hatte eine Welt ohne Radio in der Kindheit noch erlebt. Ich nicht, und ich kann mir eine Welt ohne Radio nicht vorstellen, selbstverständlich auch eine Welt ohne Bilder nicht, Bilder gab es schon immer.

Vor Jahren hat ein amerikanischer Soziologe das

Ende des Buchzeitalters vorausgesagt. Seine Prognose ist offensichtlich nicht eingetreten. Guidos Fotobuch ist auch ein Buch. Es gibt auch einige Bildlegenden darin. Nur die Bilder waren früher Illustrationen zum Text – inzwischen sind sie zur Information geworden, der Text verkommt zur Legende. Er ist kein Argument mehr, das Bild ist das Argument. Ende des Sprachzeitalters?

Ohne Worte

Vor einigen Jahren fuhr ich mit der Eisenbahn von Kairo nach Assuan, ein bißchen und, wie sich herausstellte, zu Unrecht verängstigt. Ich wurde in Kairo von Freunden in den Zug geschoben, und er fuhr los, sozusagen irgendwohin. Er fuhr durch irgendeinen Traum, auf der linken Seite des Zuges immer die Wüste, auf der rechten Seite das Grün des Nilufers, eine Fahrt durch ein Bild, und auch während des Schlafens im Schlafwagen konnte ich nicht aus diesem Bild aussteigen.

Ich teilte mein Abteil mit einem Ägypter. Ein sehr freundlicher Mann, klein, untersetzt, mit einem Bäuchlein. Er saß schon da, als ich einstieg, und er las in einem Buch. Später erklärte er mir, daß er viel lese, aber ausschließlich religiöse Bücher. Und er fragte mich, als ich dann las, ob mein Buch auch ein religiöses sei. Er war Feuerwehroffizier in der Feuerwehr von Kairo, und er fuhr nach Assuan zu einem Kongreß von Feuerwehrleuten – ein Weiterbildungskurs wohl oder so etwas. Er erzählte mir von seiner Familie, das ist relativ leicht, er erzählte mit Fotos. Der älteste Sohn studierte Medizin – vier Kinder, zwei Buben, zwei Mädchen. Sobald es Tag wurde, stand ich auf, ging in den Aussichtswagen und fuhr durch dieses fast immer gleiche Bild, durch diesen Traum. Ich sah meinen freundlichen Kameraden des Schlafwagens nur noch kurz vor dem Aussteigen. Wir verabschiedeten uns und wünschten uns auch Wünsche an die Familie, und dann war da ein Bahnhof, der auch Heidelberg, Salzburg oder Wil hätte heißen können, ein Ausstieg aus einem Traum sozusagen. Und ich stand auf meinen Füßen auf dem Bahnsteig und war wieder ich selbst. Und da überfiel mich ein großer Schrecken, nicht einfach nur Verwunderung, sondern Schrecken. Erst jetzt fiel mir ein, daß der Feuerwehroffizier kein Wort Englisch gesprochen hatte. Er konnte nur Arabisch, und ich konnte in dieser Sprache nicht einmal »ja« oder »nein« sagen, sondern nur »danke schön«. Aber ich wußte mit Sicherheit, daß er Offizier war und zu einem Kongreß fuhr. Ich wußte auch, daß wir über eine Stunde miteinander gesprochen hatten, daß wir uns angeregt unterhalten hatten und daß er mir ausgesprochen sympathisch war.

Ich erinnerte mich aber nicht daran, wie er mir das mitgeteilt hatte. Das mit der Familie ist einfach, dafür gibt es Fotos. Aber ein Foto in Uniform – da war ich ganz sicher – hatte er nicht mit. Vielleicht einen Ausweis? Ich erinnerte mich nicht daran, ich erinnerte mich nur daran, daß wir angeregt miteinander gesprochen hatten – und er konnte nur Arabisch.

Ein großer Schrecken – irgend etwas war nicht mit rechten Dingen zugegangen.

Hier in der Schweiz, wo ich wohne, treffe ich ab und zu einen, mit dem ich mich eigentlich nicht unterhalten könnte. Er gehört einer kleinen extremen Partei an, vor der ich mich – und wohl zu Recht – fürchte. Wir sprechen zwar das ähnliche Schweizerdeutsch, aber wir sprechen ganz und gar nicht dieselbe Sprache.

Immerhin, auch er erzählt von seiner Familie, von seinem Beruf, und er ist immerhin hier einer der wenigen, die sich überhaupt für etwas interessieren, für Politik zum Beispiel. Trotzdem, seine Po-

litik würde mich erschrecken, und es erschreckt
mich, daß ich ab und zu das Gefühl habe, ich hätte ihn verstanden.

Mir ist das eingefallen nach den Wahlen in Italien.
Da haben wohl auch viele geglaubt, verstanden zu
haben, alles verstanden zu haben; und wenn es
schiefgehen sollte, sie werden mit Recht wieder
sagen können: »Wir haben es nicht gewußt.« Gewußt haben sie es nicht, sie haben es nur vorschnell verstanden.

Aber nichts gegen meinen ägyptischen Feuerwehroffizier. Er war wirklich ein freundlicher Mann.
Wir haben uns wirklich gut verstanden. Trotzdem,
eine Welt ohne Sprache ist eine erschreckende
Welt. Und jene, die sagen: »Schluß mit dem Gere-
de«, das waren immer politische Übeltäter.

Er spricht mit mir

Mein Weg zu meiner Wohnung hier in New York
führt durch das Schlafzimmer eines anderen Man-
nes. In der Regel schläft er schon, wenn ich nach
Hause komme. Er geht früh zu Bett, zwischen
neun und zehn, und oft liest er vor dem Einschla-
fen noch ein Buch. Ich gehe, wenn ich um elf vor-
beikomme, auf den Zehenspitzen, und wenn die
Nacht nicht zu kalt ist, sehe ich sein Gesicht, völlig entspannt wie das Gesicht eines Kindes, das
Buch liegt noch aufgeschlagen neben ihm, es ist
seinen Händen entglitten, eine Flasche mit Oran-
gensaft steht neben seinem Bett. Ein bißchen
peinlich ist es schon, jeden Abend auf den Zehenspitzen durch sein Schlafzimmer gehen zu müssen. Trotzdem, wenn er noch wach ist, grüßt er
freundlich, wünscht mir eine gute Nacht, und ich
erwidere den Wunsch. Er ist mein Nachbar, und
wir kennen uns, ohne daß ich seinen Namen und
seine Geschichte kennen würde. Aber würde er
mir begegnen, irgendwo auf einem Bahnhof, ich

würde ihn wiedererkennen, würde auf ihn zuge-
hen und sagen, wir haben doch damals in New
York in derselben Straße gewohnt. Vielleicht würde er mich auch wiedererkennen, weil ich ihm hier
ab und zu ein paar Dollars zustecke oder neben
sein Bett lege. Irgendwie ist mir das zwar auch
peinlich, aber er bedankt sich freundlich und
wünscht mir alles Gute.

Vor meinem Haus hier schläft ein Homeless – ein
Obdachloser – bei jeder Kälte, bei jedem Regen,
und er ist mein Nachbar. Was mich an ihm so fas-
ziniert, ist, wie ordentlich er wohnt. Ich selbst habe Mühe, meine gute und richtige Wohnung hier
oben so in Ordnung zu halten, meine gutbürger-
liche Existenz hat immer einen kleinen Hauch
von Untergang – seine Randexistenz verteidigt er
mit Ordnung, er hat zu überleben, und er hat das
Tag für Tag, Nacht für Nacht.

»Not so bad« – nicht so schlimm –, sagt er, wenn
ich ihn auf die fürchterliche Kälte anspreche, und
ich schleiche beschämt in meine warme Wohnung. »Not so bad«, sagt er wohl nur, um mich zu
trösten, wie wenn er das Gefühl hätte, ich hätte es

schwer. »Not so bad«, heißt so etwas wie »Mach dir keine Sorgen«.

Nun, vielleicht ist mein Homeless-Nachbar die Ausnahme. Er scheint zum Beispiel kein Trinker zu sein, er scheint sich noch nicht aufgegeben zu haben, er liest noch Bücher und die Zeitung.

Und wenn ich ihn beschreibe, dann tu ich ihm unrecht. Denn was man auch immer beschreibt, es erhält den Hauch des Romantischen – der romantische Clochard, Vagabund, Landstreicher, Plattenschieber. Zum mindesten diese romantischen Bezeichnungen sind verschwunden – sie heißen jetzt nur noch Homeless, Obdachlose.

Und was mich beeindruckt, ist, daß er mit mir spricht. Er fragt nicht mal, woher ich komme, woher ich meinen Akzent habe, und er nimmt es mir nicht übel, daß ich täglich durch sein Schlafzimmer gehe auf dem Weg zu meinem warmen Bett – denn ich bin ja der doppelt Fremde für ihn: Ich bin – mein Akzent verrät mich – ein Tourist, also ein Reicher, und ich bin einer mit einem warmen Bett, also ein Privilegierter.

Ich weiß nicht, ob das genauso einfach wäre, würde einer sein »Schlafzimmer« vor meinem Haus in der Schweiz einrichten.

Nun gibt es das ja in der Schweiz nicht, oder nicht so häufig. Trotzdem, ich frage mich, was geschehen würde, wenn es das gäbe. Würden wir sprechen mit ihm, würde er sprechen mit uns, und würden wir zu Nachbarn?

Aber eben, das gibt es in der Schweiz nicht.

Oder doch? Gibt es vielleicht doch ähnliches, Vergleichbares in der Schweiz? Und wir wollen es nur nicht sehen, und wir wollen keine solchen Nachbarn. Und wir wollen nicht, daß sie mit uns sprechen. Ich jedenfalls bin dankbar dafür, daß mein »Nachbar« mein schlechtes Englisch verträgt.

Er spricht mit mir – vielleicht um mich zu trösten –, und ich darf sein Nachbar sein. Er haßt mich nicht.

Ich weiß es

Es ist sehr laut in der Beiz, die Männer am runden Tisch schreien sich an. Ein Fremder oder Fremdsprachiger müßte annehmen, daß sie sich streiten, daß sie etwa politisch anderer Meinung wären, daß sie etwa für die Armee oder gegen die Armee wären, für das Geldwaschen oder gegen das Geldwaschen, für eine Partei oder gegen eine Partei.

Aber der Fremde würde sich täuschen. Sie streiten nicht, sie diskutieren auch nicht, sie interessieren sich eigentlich auch für nichts, und was für einen Fremdsprachigen als äußerst engagiert klingen müßte, das ist nichts anderes als das alltägliche Spiel hier am Tisch.

Es beginnt mit der Frage »Weißt du überhaupt?« oder mit der Beschimpfung »Du weißt ja nicht einmal«. Der eine sagt also: »Du weißt ja nicht einmal, wie die Serviertochter damals im ›Rößli‹ hieß«, und der andere sagt: »Doch, das weiß ich.« »Also sag es doch, wenn du es weißt.«

Nein, Anita hat sie nicht geheißen, Trudi auch

nicht, das war die andere. Und nun wird das Gespräch plötzlich zum harten Wettbewerb: Wer es weiß, der ist gescheit, und wer es nicht weiß, der ist dumm. Man erzählt sich nicht etwa Geschichten von der Serviertochter, man spricht nicht davon, wie sie war, was für Eigenschaften sie hatte, wie lustig sie sein konnte. Es geht weder um eine Geschichte noch um eine Erinnerung, es geht nur darum, ob man weiß, wie sie hieß.

»Ich weiß genau, wann der Emil gestorben ist«, sagt der eine und nennt ein Datum.

»Nein, das muß länger her sein«, sagte der andere, und schon wird es laut am Tisch, und es geht nicht um den armen Emil, der wohl gerne älter geworden wäre und den alle hier gern hatten – es geht nur um das Datum. Schon werden die ersten Wetten angeboten, sozusagen in jeder Höhe, denn jeder hat die Pflicht, etwas nicht nur zu wissen, sondern auch an sein Wissen zu glauben. Der Streit um das Wissen des Todestages wird augenblicklich zum Glaubensstreit. Wer jetzt ein anderes Datum im Kopf hat, der gehört bereits einer anderen Kirche an, einer anderen Sekte, einer anderen Partei.

Mein Vorschlag, man könnte ja nachfragen, wie die Serviertochter geheißen habe, wann Emil gestorben sei, gilt hier als lächerlich und wird überhört. Es geht nicht um das Wissen, es geht nur um das Besserwissen, darum, daß es nur einer weiß, daß nur ein einziger gewinnen kann. Es geht nur um den Sieg, nur darum, der Gescheite zu sein. Und ein Gescheiter ist hier einer, der alles weiß.

Mich macht das furchtbar traurig, und weniges macht mich so hilflos wie dieser unsinnige Streit um irgendein unnötiges Wissen. Aber die Szene erinnert mich an etwas, an die Schule. Auch da fragte der Lehrer: »Wer weiß es«, und einer wußte es und war der Sieger.

Es kommt auch vor, daß das Spiel in der Beiz mit Schulwissen ausgetragen wird: »Du weißt nicht einmal, wann die Schlacht bei Morgarten war«, sagt jemand, aber der Fremde würde sich täuschen, wenn er glaubte, der Frager interessiere sich für Schweizer Geschichte. Er kennt nur dieses Datum (1315), und das kennt er nur, um einmal auch gewinnen zu können. Und wenn ich versuchen würde, ihm von Morgarten zu erzählen, dann würde er mich wohl entgeistert anstarren. Denn davon, daß man sich dafür interessieren könnte, hat er noch nie gehört.

Mit der Schule hat er wohl keine besonders guten Erfahrungen gemacht wie einige seiner Kollegen auch. Er war nicht jener, der etwas wußte. Das wäre nicht schlimm, aber er hat in der Schule nichts anderes gelernt, als daß es nur ums Besserwissen geht. Nicht jener, der sich für Morgarten interessiert, war der gute Schüler – nur jener, der Morgarten wußte. Vielleicht hat das der Lehrer gar nicht so gemeint, aber jener, der nie etwas wußte, hatte nichts anderes gelernt.

Nun ist er erwachsen, und auch er möchte ab und zu ein Sieger sein. Nun weiß er Dinge, die niemand sonst weiß – zum Beispiel, wie die Serviertochter hieß oder wer 1962 Schweizermeister war. Und wenn jemand fragt, wer war es denn 1963, dann sagt er so wie sein ehemaliger Lehrer: »Darum geht es jetzt nicht.«

Sie nennen das eine Diskussion, dieses klägliche alltägliche Quiz. Vielleicht kommt mal einer auf die Idee, hier über eine Initiative zu diskutieren, über das Problem der Drogen, über Flüchtlingsfragen. Aber er wird auch mit solchen Fragen nur auf diesen »Ich-weiß-es«-Wettbewerb stoßen.

Denn Diskussion heißt hier ausschließlich und nur: »Ich weiß es.« Deshalb werden große politische Fragen zu Glaubenskriegen – aus dem einzigen Grund, weil schon die Frage nach dem Namen der Serviertochter zum Glaubenskrieg wird. Wer es weiß, der hat gewonnen. Und für die kommenden Sieger gibt es keinen Anlaß, die Verlierer anzuhören. Das war schon in der Schule so, die richtige Antwort bedeutete Sieg.

Ob Demokratie unter diesen (schulischen) Bedingungen machbar ist? Jedenfalls ist die Diktatur des Volkes noch lange keine echte Demokratie.

Du hast nichts verpaßt

Wir treffen uns immer am Neujahr bei einem Freund, alle freuen sich darauf, aber alle haben wohl auch ihre Mühe mit dem »Immer wieder«. Nichts kommt so schnell immer wieder wie unser Neujahrstreffen, wie Weihnachten und Neujahr – kein Frühling, kein Sommer, kein Herbst. Der Winter ist lang, der Sommer ist lang – nur das Jahr nicht.

Otto F. ist gestorben in diesem Jahr – im September – und bereits ist auch das lange her, schon fast sehr lange. Ich habe ihn schon Dutzende von Malen nicht mehr getroffen in der Beiz. Und trotzdem, das Jahr, in dem er starb, war kurz – auch wenn er vor einem Jahr noch nichts, noch gar nichts von seiner Krankheit wußte. Das ist alles schon sehr lange her – mein erster Besuch im Spital, unser gemeinsames Hoffen, unser lustiger letzter Spaziergang – bereits Erinnerung, bereits weit weg. Und das Jahr war kurz, schon wieder Neujahr.

Im Sommer hat das noch nie jemand gesagt: »Schon wieder Sommer«, und »schon wieder Frühling« sagen wir auch nicht. Und ich frage mich, ob das Jahr auch für die Leute in Sarajewo, im Sudan, irgendwo in der ehemaligen Sowjetunion, im Irak ein kurzes war.

Weihnachten, so wissen wir, soll ein grauenhaftes Fest sein für Einsame – ein kleines bißchen sind wir alle wohl einsam, und so ist es halt dann ein kleines bißchen für alle ein kleines bißchen ein grauenhaftes Fest. Daß wir das Jahr als kurz empfinden, das ist wohl dann letztlich doch die Summe unserer Gelangweiltheiten. Wir haben uns ein Jahr lang gelangweilt mit Fußball-Weltmeisterschaften (mit glänzenden und gefeierten), mit Rekorden und Niederlagen, mit Schiffskatastrophen und Kriegen, mit NEAT und EU – und vor allem mit uns selbst.

Ich stelle mir vor, daß es klopfen würde an meiner Tür – gleich jetzt –, und Otto F. würde eintreten, zurückgekehrt, und sein »so« sagen. Er hätte wohl mit Recht den Eindruck, daß ich sehr viel länger gelebt hätte als er, drei Monate länger, und er würde mich mit Recht fragen: »Und – und was ist passiert in diesen drei Monaten?« Beschämt müßte ich gestehen: »Nichts, gar nichts, nichts Besonderes – alles dasselbe.«

Was würde ich meinem Freund H., der vor 14 Jahren gestorben ist, erzählen? »Du hast nichts verpaßt, gar nichts«, würde ich ihm sagen, und er würde böse, und er würde mich anschreien, denn er starb jung, und er hätte sehr gerne länger gelebt, und er hätte gelebt, und es hätte ihn interessiert. Ich würde ihm sagen: »Die Sowjetunion gibt es nicht mehr, die DDR gibt es nicht mehr«, und er könnte sich das im ersten Augenblick nicht vorstellen, und schon im zweiten wäre es für ihn so, wie wenn er es schon immer gewußt hätte. Er wäre übrigens heute noch, nach 14 Jahren, der Belesenere, und was er damals wußte, das wäre noch heute fast das ganze Wissen der Welt. Ich hätte heute noch ihn zu fragen, und nicht er mich.

Und selbst, wenn Goethe zurückkäme, ich hätte ihn wohl immer noch mehr zu fragen als er mich – er wüßte wohl noch immer mehr von dieser Welt als ich –, und das bißchen mehr Technik –

Flugzeug und Computer – würde ihn wohl nicht so sehr überraschen. Er war Naturwissenschaftler, ein interessierter Mensch.

Enttäuscht wären andere, Schiller etwa, der sich eine bessere Welt vorstellen konnte und wollte. Jean Paul, der im frühen 19. Jahrhundert an unser Jahrhundert, an das 20. Jahrhundert, glaubte. Enttäuscht wäre Marx – nicht, wie wir glauben wollen, über den Zusammenbruch der Sowjetunion, sondern über den Zustand der Welt, darüber, daß seine Beschreibung der Welt immer noch, und wieder zunehmend, zutrifft, das würde ihn nicht freuen. Und enttäuscht wäre – sollte er ein Mensch gewesen sein – jener Jesus von Nazareth, der an die Menschen und an das Leben glaubte. Überrascht wären sie wohl alle trotzdem nicht.

Oder gab es vielleicht doch Zeiten, und gibt es vielleicht noch Kulturen und Gegenden ohne diese grauenhafte Gelangweiltheit, die uns ein ganzes Jahr wie weggeschmolzen erscheinen läßt, ohne diese schale Gelangweiltheit, an die uns die Festtage Jahr für Jahr erinnern. Jedenfalls, so oder so, diese ungeliebten Festtage haben wir uns als

Erinnerung an unsere Gelangweiltheit selbst verdient.

Max Frisch hat in einem Fragebogen die Frage gestellt: »Wen, der tot ist, möchten Sie wiedersehen?« Ich möchte dem anfügen: »Hätten Sie den Mut, jenen wiederzusehen, der selbst so gern noch gelebt hätte – und Sie hätten ihm nichts zu erzählen?«

Der Mann mit den goldenen Ohren

Kurz vor Weihnachten kam er – wurde er mir gebracht oder habe ich ihn mitgebracht. Nun sitzt er da, mir gegenüber, wie wenn er schon immer dagewesen wäre, wie eine Erinnerung, die auch so tut, als wäre sie schon immer gewesen.

Ja, so war es, er erinnerte mich an jemanden, an irgend jemanden, und ich erinnerte mich nicht, an wen er mich erinnerte. Ich schaute ihn lange an, zu lange wohl, und kriegte ihn nicht mehr los. Jetzt sitzt er da, spricht kein Wort, sitzt da in meiner Stube, mir gegenüber, bleibt sitzen, wenn ich das Haus verlasse, und ist immer noch da, wenn ich zurückkomme. Wir sprechen nicht miteinander, er spricht nicht und ich spreche nicht.

Mein erster Blick, wenn ich nach Hause komme, gilt ihm, und bereits würde ich ihn vermissen, wenn er nicht da wäre.

Wir haben uns angefreundet, ich glaube, er mag mich. Und wir schweigen nicht nur miteinander, sondern wir schweigen uns an. Seit er da ist, stört

mich meine morgendliche Sprachlosigkeit nicht
mehr – übrigens, er hat goldene, blattvergoldete
Ohren, und auch diese Ohren sind so selbstverständlich wie alles an ihm, und daß er nackt ist,
stört mich überhaupt nicht. Ja, ich mag ihn.
Kurz vor Weihnachten auf einem Markt sah ich
ihn als kleine Figur in der Auslage einer Töpferin.
Er saß inmitten von Engeln auf einem Holzsockel,
etwas nach vorn gebückt, und in den Händen auf
seinen Knien hielt er wie alle eine Kerze, aber keine der anderen Figuren hielt sie so krampfhaft in
den Händen wie er. Das war offensichtlich das
einzige, was er zu tun hatte, und daß er das so
akribisch genau und zuverlässig machte, das
machte ihn offensichtlich glücklich, er strahlte
Zufriedenheit aus. Die anderen Engel hatten alle
Flügelchen, vergoldete Flügelchen. Er hatte keine,
er hatte nur zwei vergoldete Öhrchen.
Irgendwie erinnerte er mich – vorläufig weder an
jemanden noch an etwas. Aber weil er mich erinnerte, hatte er mit mir zu tun. Und so kam er halt
mit mir, und ich stellte ihn zufällig auf den Tisch,
und da blieb er, und wir freundeten uns an.

Das ist, ich weiß es, nicht erzählenswert. Und daß uns irgend etwas gefällt, weil es uns an irgend etwas erinnert, auch das ist nichts Besonderes, und auch daß man sich mit Gegenständen anfreunden kann.

Aber Tage später wußte ich, an wen er mich erinnert – zu spät, weil wir bereits Freunde waren.

Jener andere und wirklich Lebende war ein alter Mann, der vor vielen Jahren fast täglich abends mit demselben Bus wie ich fuhr. Klein und dick und eingebildet, rotes Gesicht, das an Jähzorn erinnerte, Veteran und Ehrenmitglied eines Schützenvereins vielleicht – jedenfalls alles um sich herum verachtend. Sicher kein angenehmer Nachbar, kein angenehmer Verwandter. Oder einfacher, denn vielleicht war ich ungerecht, ich mochte ihn durch und durch nicht, ich konnte ihn nicht ausstehen.

Aufgefallen war er mir, weil er jedesmal bei der zweitletzten Haltestelle seinen Finger in Richtung Halteknopf hielt und gleich nach der Abfahrt drückte, so daß ihm ja niemand zuvorkäme. Und wenn das trotzdem einmal geschah, dann schaute er sich wütend im ganzen Bus um und suchte den Übeltäter, der ihm seine Macht streitig machen wollte. Denn er, nur er, war der Mächtige, der den Bus zum Halten brachte.

Er fällt mir noch heute ab und zu ein, wenn ich Bus fahre. Ich frage mich ab und zu, ob er wohl noch lebe, aber dann fällt mir mein Alter ein und sein damaliges Alter, und so alt ist wohl keiner geworden. Immerhin, eine kleine Wut auf ihn kommt immer noch auf in mir, wenn ich mich an ihn erinnere. Ich kannte weder seinen Namen noch seine ehemalige Tätigkeit, nichts.

Und an ausgerechnet dieses Ekel erinnerte mich offensichtlich dieses Männchen mit den goldenen Ohren, das so akribisch sein Kerzchen in den Händen hält. Ich kann das jetzt nicht mehr rückgängig machen. Wir sind bereits Freunde geworden, das Männchen aus schneeweißem Ton und ich.

Könnte es sein, daß schon Erinnerung an und für sich etwas Erfreuliches sein kann? Oder bin ich einfach milder geworden? Wie auch immer, ich nehme die Versöhnung an. Er darf und er soll

hierbleiben und mit mir schweigen beim Morgen-
kaffee.

Zum vierzehnten Jahr in neuer Zählweise

2014 – schon vierzehn Jahre mehr als das ominöse
Jahr 2000, das schon in unserer Kindheit in unseren Köpfen rumgeisterte, fast unerreichbar weit
weg und letztlich unerreichbar. Sepp von Felten
kam mal 1946 mit einem Heft einer Jugendzeit-
schrift in die Schule und auf der Titelseite – ich
sehe sie noch genau, ein dunkles Grün – stand
»Im Jahre 2000« und eine Zeichnung von einer
großen Rakete mit Fenstern wie bei einem Flugzeug und dahinter Köpfe von Passagieren.
Ich erinnere mich an unsere heftigen Diskussio-
nen darüber. Ob so etwas überhaupt möglich wäre, und wenn, dann sicher nicht schon so früh,
sicher nicht schon im Jahre 2000, und das uner-
reichbare Jahr rückte mit diesem »nicht schon« in
unsere Nähe. Es hat seine Gründe, daß sich mir
das Titelblatt der Zeitschrift für immer eingeprägt
hat.
Dann die Schulaufgabe, Olten im Jahre 2000 zu
zeichnen, und wir zeichneten U-Bahnen und

Hochbahnen, Wolkenkratzer und den Himmel voller Flugzeuge. Erst heute, wenn ich mich daran erinnere, erscheinen sie mir als Horrorszenarien. Damals aber waren wir zum voraus total begeistert von einer Moderne, die sich durch nichts anderes von unserer damaligen Welt unterschied als durch die »wunderbaren« Fortschritte der Technik. Wir hatten nicht den geringsten Anlaß, uns Fortschritte der Kommunikationstechnik auszudenken, nicht einmal die Möglichkeit von einem Fernsehen – das übrigens damals schon erfunden war, uns aber nicht einmal als Hoffnung erreicht hat.

Und die meisten von uns lebten im Jahr 2000 noch, auch das war damals nicht zu erwarten, und leben jetzt, vierzehn Jahre später immer noch. Und die damalige Zeit ist uns so unvorstellbar geworden, wie uns damals die Zukunft war, und so wie uns damals die Zukunft als wunderbar erschien, erscheint uns jetzt die unvorstellbare Vergangenheit als eine gute Zeit. Und letztlich bleiben Zahlen, nichts als Zahlen. Eine Frau erzählt mir eine Geschichte. Die Geschichte interessiert mich, sie beginnt mit: »Das war im Jahre 1956, ich war damals in der dritten Klasse«, und schon höre ich nicht mehr zu, denn ich bin am Rechnen: 1956 war sie also neun Jahre alt, sechsundfünfzig weniger neun ergibt ihren Jahrgang, bis zu 2000 sind es also 53 Jahre plus 13 Jahre, und dann zur Sicherheit noch mal nachrechnen. Sie ist inzwischen mit ihrer Geschichte zu Ende, schaut mich an, und ich sage: »Ja, schön.« Ich hätte auch sagen können: »Sechsundsechzig sind Sie also.«

Zahlen, Zahlen: 1315 (Morgarten), 1686 (Johann Sebastian Bach), 1749 (Goethe), 1907 mein Vater, 1909 meine Mutter. Und letztlich bleiben von einem Leben zwei nackte Zahlen, eingemeißelt in Stein. Zwei Zahlen, die ein Leben umklammern, in dem wir dauernd am Zählen waren, wir zählten die Minuten, die Stunden, die Tage, die Jahre, und endlich haben wir wieder einen neuen Rekord der Menschheit geschafft, zweitausendundvierzehn Jahre, was zudem für alle auch eine persönliche Bestleistung ist.

2014 – wie spricht man das eigentlich aus? Kommt da ein »und« dazwischen oder nicht. Der Postbeamte, der mir das Datum diktierte, sagte: »Zwei-nulldreizehn«, und mir fiel mit Schrecken auf, daß mir und uns zwei liebgewordene Silben in diesem Jahrtausend abhanden gekommen sind, die Hundert ist weg, 13hundert15, 19hundert9, 1749. Jahrhundertelang wurden die Jahre in Hunderten gezählt, das funktionierte von eins bis neunzehn – aber zwanzighundertvierzehn, das geht eigenartigerweise nicht mehr.

Ja, wirklich kein Problem, aber irgendwie ist mir nicht recht wohl dabei. Ja, ja, das ist nur Sprache, und an der Qualität eines Jahres, an seinem Wetter zum Beispiel, ändert das nichts. Aber auch, wenn wir in Zahlen leben, leben wir in Sprache. Und Kartoffelbrei, Kartoffelpüree und Kartoffelstock sind zwar dasselbe, aber der Kartoffestock schmeckt mir einfach nicht, wenn er Kartoffelbrei heißt. Und Randen und rote Bete sind auch dasselbe – aber halt dann doch nicht so ganz. Ja, die Zeiten ändern sich und mit ihnen auch die Sprache. 1914 und 2014 unterscheiden sich wie Kartoffelstock und Kartoffelbrei.

Verzeihen Sie dem alten Mann seine Klagen. Er

wünscht Ihnen ein gutes 2014 mit Chüngu (nicht Kaninchen), Härdöpfustock und Randensalat.

Mit freundlichen Grüßen

Meine Briefe enden mit freundlichen Grüßen, einer Floskel zwar, aber trotzdem, mir scheint, ich setze die Floskel mit Bedacht, auch wenn ich nicht genau weiß, was ich eigentlich mit ihr meine. Heißt das vielleicht, daß ich freundlich sein möchte, oder meint es gar ein Angebot von Freundschaft? Ich habe auch schon gezögert, die Floskel zu setzen, wenn ich weiß, daß der Empfänger den Satz gar nicht lesen wird, daß er für ihn so selbstverständlich unverständlich ist wie für mich – trotzdem, ich mag es, daß unsere Briefe freundlich enden.

Ich habe meinen Freund im Spital besucht, es ging ihm sehr schlecht, es war schlimm für mich – jetzt geht es ihm besser, mir auch. »Mein Freund«, ein eigenartiges Wort, viel zu groß für unsere kleinen Feste, die wir feiern, wenn wir uns treffen. Nein, ich glaube, wir nennen uns gegenseitig nicht so. Das Wort taugt nichts in der Einzahl, in der Mehrzahl geht es: »Meine Freunde« ist viel unverbindlicher als »mein Freund«, und »befreundet sein« heißt bereits nicht viel mehr, als sich einigermaßen zu kennen und ab und zu, meist selten, zu sehen.

Freunde haben wir zwar, und befreundet sind wir auch. Aber »mein Freund«, das hat fast etwas Kindisches.

Ja, als Kinder, damals in der Schule, da hatten wir noch einen Freund. Jeder nur einen. Und irgendwie gab es damals noch keine Mehrzahl, man hatte damals keine Freunde, man hatte einen Freund, einen einzigen. Und daß man ihn hatte, war nichts anderes als ein Beschluß, nichts anderes als eine Behauptung. Vielleicht unternahm man mit ihm gar nicht besonders viel, vielleicht hatte man zu ihm gar nicht eine besondere Beziehung – aber er war *der* Freund, ein für allemal.

Und nur noch eine Behauptung, gar nichts anderes als eine Behauptung, war damals, als ich ein kleiner Schüler war, die Freundschaft zu einem Mädchen: Rösli K., das war eine tiefernste Liebe. Und sie beschränkte sich darauf, daß ich ihr ein kleines Zettelchen nicht etwa selbst überreichte, sondern auf komplizierten Wegen zuspielen ließ. Auf dem Zettelchen standen die Wörter: »Willst Du mich für den Schatz haben?« Auch das eine Floskel, die nur so und nicht anders heißen konnte und vielleicht nicht einmal unterschrieben war, vielleicht nicht einmal beantwortet. Aber ab nun war Rösli die Liebe. Die Behauptung hatte stattgefunden. Gesprochen hatte ich mit ihr wohl nie. Höchstens rote Ohren bekommen, wenn ich sie sah, und war unter einem Vorwand weggerannt.

Aber die reine (und vorpubertäre) Behauptung hat sich in meine Seele eingebrannt. Sie ist noch da. Ich habe Rösli nach unserer Schulzeit nie mehr gesehen. Aber sie ist noch da – nicht das Rösli, aber die Behauptung Rösli, der Beschluß Rösli. So ernsthaft können wohl nur Kinder sein.

Oder die beiden jungen Frauen im Coffee-Shop in New York, Studentinnen wohl. Ich frühstückte da ab und zu. Sie kannten meine Bestellung zum voraus und brachten mir die Rühreier und die wunderbar schlechten Bratkartoffeln – ich versuche seit Jahren zu Hause so schlechte Bratkartoffeln zu machen, sozusagen als gute Erinnerung, es gelingt mir nicht. Die beiden Frauen waren sehr freundlich, zwei strahlende Wesen, aber mehr als »Guten Tag«, »Danke schön« und »Bitte schön« sprachen wir nicht miteinander. Eines Morgens nun standen die beiden da mit verweinten Augen, brachten schluchzend die Eier und den Kaffee, und ich wußte in meiner Hilflosigkeit nichts anderes zu sagen als: »Can I help you?« – »Kann ich Ihnen helfen?« »Nein«, bekam ich zur Antwort, »Elvis ist tot.«

Das machte mich sprachlos. Zwei intelligente Wesen weinten hier um einen dicklichen Schnulzensänger. Sehr wahrscheinlich hatten auch sie mal als kleine Kinder beschlossen und behauptet, ihn zu lieben. Ich ging in den nächsten Plattenladen, kaufte mir zwei Presley-Platten, ging nach Hause und hörte ihn den ganzen Tag – eigentlich bewundernd, und nach und nach ging mir sein Tod nahe: Hier war einer gestorben, der von zwei Frauen geliebt wurde.

Ich habe meinen Freund im Spital besucht, ich habe um ihn gezittert. Er hat überlebt – erst jetzt weiß ich, was ich verloren hätte, ich wische eine

Träne vom Auge. Wie lange kennen wir uns schon? 43 Jahre! Aber seit wann eigentlich sind wir Freunde? Irgendeinmal muß uns wohl – unausgesprochen – diese kindliche Behauptung noch einmal gelungen sein: »Willst du mein Freund sein?«

Inhalt